COLLOQUIAL
DUTCH

KU-165-257

THE COLLOQUIAL SERIES

---

*Accompanying cassette available

COLLOQUIAL DUTCH

Fernand G. Renier

Illustrations by
L. V. Ferminger

Routledge & Kegan Paul
London and New York

First published in 1941 by
Routledge & Kegan Paul plc
11 New Fetter Lane, London EC4P 4EE

Published in the USA by
Routledge & Kegan Paul Inc.
in association with Methuen Inc.
29 West 35th Street, New York, NY 10001

Set in Linotron Times
by Input Typesetting Ltd., London SW19 8DR
and printed in Great Britain
by Cox & Wyman Ltd., Reading

Second edition 1960
Third edition 1981
Reprinted in 1984, 1986

Library of Congress Cataloging in Publication Data

Renier, Fernand Gabriel, 1905–
    Colloquial Dutch.
    (Colloquial series)
    Rev. ed. of: Learn Dutch!
    I. Dutch language – Grammar – 1950–. I Title
    PF 112. R4 1981   439.3'182421   81-17729

British Library CIP Data also available
ISBN 0-7100-0785-X   AACR2

CONTENTS

PREFACE TO THE THIRD EDITION

Colloquial Dutch has been classroom-tested in two of London's major language schools, namely the Polytechnic of Central London and the City of London Polytechnic. The method is based on the principle that the student must hear correctly before attempting to pronounce correctly: a full understanding of the sounds of the spoken word should always precede any attempt to reproduce them. Pronunciation exercises and dictations are meant to focus the student's whole attention on the identification of sounds, rather than on recognition of known words. To teachers and students with a knowledge of phonetics, the phonetic appendix 'The Sounds of Dutch' will be of use (see p. 140).

As students may never have learnt formal grammar, points of Dutch and English grammar are clearly set out, which will also facilitate private study.

Where language laboratory facilities are available, the oral exercises as well as the pronunciation and spelling exercises can be used. The preparatory experimental language laboratory work was carried out by courtesy of the BBC while the author was a producer in the English by Radio and Television department.

The many recent changes in daily life, particularly the means of transport, have made drastic changes in text and illustration necessary. The author wishes to express his thanks for the help received from the illustrator L. V. Ferminger and from Wito and Thea Stoel of the Nederlandse Omroep Stichting, Hilversum.

Fernand G. Renier
London, 1981

LESSON ONE
EERSTE LES

Pronunciation exercise

1 piet	5 pijt* = peit*	9 put
2 pit	6 paat*	10 poot
3 peet	7 pat	11 poet
4 pet	8 pot	12 puut

In the pronunciation and spelling exercises throughout this book an asterisk indicates that the word given is a possible combination of Dutch sounds but does not exist as a word in the language.

A description of the Dutch sounds introduced in this lesson will be found in 'The Sounds of Dutch' on pp. 140–4.

NUMERALS

1 een	4 vier	7 zeven	10 tien
2 twee	5 vijf	8 acht	11 elf
3 drie	6 zes	9 negen	12 twaalf

PERSONAL PRONOUNS AND PRESENT TENSE FORMS OF THE VERB 'TO BE'

Infinitive: to be = zijn

	1	ik ben	= I am	ben ik?
Singular	2	jij bent	= you are (thou art)	ben jij?
		hij is	= he is	is hij?
	3	zij is	= she is	is zij?
		het is	= it is	is het?
	1	wij zijn	= we are	zijn wij?
Plural	2	jullie zijn	= you (people) are	zijn jullie?
	3	zij zijn	= they are	zijn zij?
Formal Sing. and pl.	2	U bent	= you are	bent U?

jij . . . used familiarly to one person.
jullie . . . used familiarly to more than one person.
U . . . used formally to one or more persons.

N.B. 1   In the plural (with the exception of the politeness form) the verb takes the form of the infinitive.
N.B. 2   For the formal (or politeness) form, the second person singular is used.
N.B. 3   Gij = thou (biblical or regional). Gij zijt = thou art.

PRESENT TENSE FORMS OF REGULAR VERBS

Infinitive: to look = kijken

	1	ik kijk	= I look, I am looking, I do look.
	2	jij kijkt	= you look, you are looking, you do look.
Singular		hij kijkt	= he looks, he is looking, he does look.
	3	zij kijkt	= she looks, she is looking, she does look.
		het kijkt	= it looks, it is looking, it does look.

Plural	1	wij kijken	=	we look, we are looking, we do look.
	2	jullie kijken	=	you look, you are looking, you do look.
	3	zij kijken	=	they look, they are looking, they do look.

Formal
Sing. and 2 U kijkt = you look, you are looking, you do
pl. look.

Singular	1	kijk ik?	=	do I look? am I looking?
	2	kijk jij?	=	do you look? are you looking?
		kijkt hij?	=	does he look? is he looking?
	3	kijkt zij?	=	does she look? is she looking?
		kijkt het?	=	does it look? is it looking?

Plural	1	kijken wij?	=	do we look? are we looking?
	2	kijken jullie?	=	do you look? are you looking?
	3	kijken zij?	=	do they look? are they looking?

Formal 2 kijkt U? = do you look? are you looking?
Sing. and
pl.

N.B. The general rule is that the 2nd person sg. fam. loses its -t in the interrogative.

THE NEGATIVE

ik ben ziek. ik ben niet ziek = I am ill. I am not ill.
ben ik ziek? ben ik niet ziek? = am I ill? am I not ill?
ik kijk niet = I do not look, I am not looking.
jij kijkt niet = you do not look, you are not looking.

NOUNS, GENDER

Modern Dutch has only two genders: the Common (combining former masculine and feminine) and the Neuter.

THE DEFINITE ARTICLES ARE

de for the common singular and for all plurals.
het for the neuter singular.
de stoel, het boek; de stoelen, de boeken.

'It', when used as subject of a verb and referring to a thing, is translated by *het* for the neuter singular and by *hij* for the common singular, unless referring obviously to a female (e.g. cow), when *zij* is used:

Het mes ligt rechts van het bord = het ligt rechts.
De vork ligt links van het bord = hij ligt links.

'It', when used as a provisional subject, i.e. when the real subject has not yet been made known, is translated by *het* (and not by *hij* or *zij*):

Het is mijn vader; hij is op weg naar zijn kantoor.
(= It is my father; he is on his way to the office).
Het is mijn vork; hij is niet heel groot.
(= It is my fork; it is not very large).

Similarly, 'they', when used as a provisional subject, is translated by *het*:

Het zijn mijn ouders; zij zijn nog niet klaar.
(= They are my parents; they are not ready yet).

THE INDEFINITE ARTICLE IS

een (pronounced ən); it has no plural.

PLURAL OF NOUNS

general rule: add -en.

READING MATTER

De tafel staat in het midden van de eetkamer. Er staan vijf stoelen om de tafel. Het ontbijt staat klaar. Het tafellaken is helderwit. Er is eten op tafel. Er ligt een bord voor elke stoel, en mes en vork liggen naast elk bord. Het mes of de lepel ligt rechts, en de vork ligt links van het bord. Anneke is nog jong; zij eet boterhammen en drinkt een glas melk. Piet is nòg jonger; hij eet een bordje pap. Het brood staat op de broodplank en er ligt al een aantal sneetjes brood in de broodschaal. De kaas, de ontbijtworst, de jam en de ontbijtkoek zijn nog op het buffet. Ik hoor vader op de trap; ik ben nog niet klaar. Moeder wacht nog. Wij komen allemaal beneden.

Written exercise 1

Answer the following questions in Dutch. Answers must be in the form of complete sentences.

1. Waar staat de tafel? 2. Hoeveel stoelen staan er om de tafel? 3. Wat is de kleur van het tafellaken? 4. Wie eet boter-hammen? 5. Wie eet pap? 6. Waar ligt de lepel van Piet? 7. Waar staat het brood? 8. Waar liggen de sneetjes brood? 9. Waar is de ontbijtworst? 10. Waar is vader en waar is moeder?

Written exercise 2

Translate into Dutch:

1. She is looking. 2. He is not looking. 3. He does not look. 4. You are ill. (formal) 5. Are you ill? (formal) 6. Aren't they looking? 7. Doesn't he look? 8. We look. 9. We are looking. 10. You people do not look.

Written exercise 3

Translate into Dutch:

1. The spoon lies to the right of the plate. 2. There is bread on the bread-board. 3. There is one table in the middle of the room. 4. A knife and a fork and also a spoon are on the table. 5. Father waits until Peter looks.

Vocabulary

N.B. It is necessary to learn noun and article at the same time.

| het aantal | number | het bordje | small plate |
| het bord | plate | de boterham | slice of bread and butter |

het brood	bread; loaf	al	already
de broodplank	bread-board	allemaal	all of us, you,
de broodschaal	bread-dish		them
het buffet	sideboard	beneden	downstairs
de eetkamer	dining-room	elk	each
het eten	food	en	and
het glas	glass	er	there
de jam (ʒɛ m)	jam	groot	large
de kaas	cheese	helder	bright
de kamer	room	hoeveel?	how much?
de kant	side		how many?
het kantoor	office	in	in
de kleur	colour	ja	yes
de koek	cake	jong	young
de lepel	spoon	jonger	younger
de melk	milk	klaar	ready
het mes	knife	links	on (or to) the
het midden	middle		left
de moeder	mother	naast	beside, at the
het ontbijt	breakfast		side of
de ouders	parents	nee!	no!
de pap	porridge	niet	not
het sneetje	slice	nog	yet, still
de stoel	chair	of	or
de tafel	table	om	(a)round
het tafellaken	tablecloth	ook	also
de trap	stairs	op	on
de vader	father	rechts	on (or to) the
de vork	fork		right
de worst	sausage	tot	until
		van	of
drinken	to drink	voor	before, in
eten	to eat		front of
horen	to hear	waar?	where?
komen	to come	wat?	what?
liggen	to lie	wie?	who?
staan	stand (= are)	wit	white
staat	stands (= is)		
wachten	to wait		

LESSON TWO
TWEEDE LES

Pronunciation exercise

13 teun	17 haai	fat	faat*
14 tuin	18 hooi	vat	vaat
15 deur	19 hoei*	wat	waat*
16 toun* =	20 eeuw		
taun*	21 ieuw*		

For a description of these sounds see 'The Sounds of Dutch' at the end of the book, pp. 140–4.

PRESENT TENSE FORMS OF THE VERB 'TO HAVE'

Infinitive: to have = hebben

	1	ik heb	= I have	heb ik?
	2	jij hebt	= you have (thou hast)	heb jij?
Singular		hij heeft	= he has	heeft hij?
	3	zij heeft	= she has	heeft zij?
		het heeft	= it has	heeft het?
Plural	1	wij hebben	= we have	hebben wij?
	2	jullie hebben	= you (people) have	hebben jullie?
	3	zij hebben	= they have	hebben zij?
Sing. and pl.	2	U heeft		heeft U?
		U hebt		hebt U?

THE PERSONAL PRONOUNS

		Stressed forms. accent on pronoun:	Weak forms. accent on verb:
Singular	1	ik ben	'k ben
	2	jij bent	je bent
	3	hij is	*(ie is)
		zij is	ze is
		het is	't is
Plural	1	wij zijn	we zijn
	2	jullie zijn	jullie zijn
	3	zij zijn	ze zijn
Sing. and pl.	2	U bent, is	* Common in speech, but rarely written. Never used at beginning of sentence.

Phrases

1. ik ga naar huis (I am going home). 2. hij is thuis (he is at home). 3. zij gaat van huis weg (she leaves the house). 4. hij is boven (he is upstairs). 5. ik ga naar boven (I am going upstairs). 6. hij is beneden (he is downstairs). 7. ik ga naar beneden (I am going downstairs). 8. hij is binnen (he is indoors). 9. zij gaat naar binnen (she goes in). 10. zij is buiten (she is outside). 11. hij gaat naar buiten (he goes out).

WORD ORDER

The Dutch word order differs in many ways from the English. A word for word translation may result in nonsense. The principal rules to be followed are given here. To simplify the explanation we shall use:

S	for subject
V	for verb
RRR	for rest of the sentence

R   for one or more words (neither subject nor
                     verb) placed in an unusual position.

Rules

1 The ordinary statement: S V RRR
  Mijn oom komt om vijf uur bij ons.
    S   V   RRR
  (My uncle is coming to our house at five o'clock.)

2 The question: V S RRR?
  Komt mijn oom om vijf uur bij ons?
    V   S   RRR
  (Is my uncle coming to our house at five o'clock?)

3 The emphatic statement: R V S RR
  Om vijf uur komt mijn oom bij ons.
      R   V   S   RR
  (At five o'clock my uncle is coming to our house.)

N.B. 1   In the ordinary statement, nothing should be put between
subject and verb.
N.B. 2   If the sentence opens with one or more words which are
neither subject nor verb, inversion occurs, i.e. subject and verb
change places. This is to stress the word(s) placed in the unusual
front position.
N.B. 3   In the inverted word order, the verb of the 2nd pers. sing.
fam. loses its final -t as it does in the question form (see p. 3).
N.B. 4   The words *ja* and *nee*, followed by a comma, do not cause
inversion.

READING MATTER

Ik heb een kamer op de eerste verdieping, naast de logeerkamer.
Anneke en Piet hebben hun bedjes op de kinderkamer, naast de
kamer van mijn ouders, aan de achterkant van het huis. De bomen
in de tuin zijn vlak voor hun ramen. Mijn kamer is aan de voorkant
van het huis. Een deur in mijn kamer geeft toegang tot het balkon.
Ik zie de tuin niet, maar ik zie het kanaal. Het kanaal loopt langs
het huis, aan de andere kant van de straat. Aan de overkant van
het kanaal is ook een weg. De schepen varen voorbij, en er is altijd
wat te zien. Het is heel druk op straat, en voor de brug vlakbij

wacht het verkeer als de brug open is en de schepen de sluis in en uit varen. Vanuit mijn raam en vanaf het balkon zie ik de mensen, de auto's,* de vrachtauto's, de bestelwagens en de bromfietsen die naar de stad komen en eruit gaan. Er zijn altijd veel schepen op het kanaal. Ik zie het verkeer aan beide kanten van het water en op het water; dat is heel prettig. Mijn kamer is modern ingericht, niet zo maar een slaapkamer, maar meer een zitkamer. Ik zit graag op mijn kamer.

* Nouns of foreign origin ending in *a, i, o, u, é* take 's in the plural.

Oral exercise 1

Form questions with *waar*.

Example: De tafel staat in het midden van de eetkamer. → Waar staat de tafel?

1. Het mes ligt rechts van het bord. 2. De vork ligt links van het bord. 3. De kaas is op het buffet. 4. De ontbijtkoek staat op het buffet. 5. De kaas en de ontbijtkoek staan op het buffet. 6. De lepel ligt op tafel. 7. De vork ligt op tafel. 8. De lepels liggen op tafel. 9. De vorken liggen op tafel. 10. De lepels en de vorken liggen op tafel.

Oral exercise 2

Take the 10 sentences of the above exercise. Put the questions with *waar* as before and answer your own questions as well.

Written exercise 1

Answer in Dutch:

1. Waar is de logeerkamer? 2. Is de kamer van mijn ouders aan de voorkant? 3. Zijn de bomen voor mijn raam? 4. Is het kanaal aan de achterkant van het huis? 5. Wat zie ik voor de brug? 6. Wat zie ik op het kanaal? 7. Hoe is mijn kamer ingericht? 8. Wat is er aan de overkant van het kanaal? 9. Wat is er in de tuin? 10. Wat ziet Piet uit zijn raam?

Written exercise 2

Translate into Dutch:

1. Do I see? 2. He gives much. 3. There is not much. 4. Do you hear mother? 5. You are walking. 6. She has a glass. 7. Does he wait? 8. There is jam; there is not very much cheese. 9. They are not yet ready. 10. We have a spoon and he has a knife.

Written exercise 3

Translate into Dutch:

Peter's room is on the first floor. Peter does not see the street* from his room. He sees the garden and the trees from his window. No, he sees no cars on the bridge. I see the traffic along the canal. There are two cars and three lorries on the bridge. They are all going to town. A number of people are also going to town. They are at the side of the road, under the trees. My room is very pleasant. From the balcony, I see many things.

John (= Jan), are you in the bathroom?
No, I am in my room.
Breakfast is ready.
I am coming.
Father is already downstairs. Is Peter still in his room?
No, he is in the garden.
*does not see the street = sees the street not

Vocabulary

de achterkant	back	de brug	bridge
de auto	car	de deur	door
de badkamer	bathroom	het huis	house
het balkon	balcony	het kanaal	canal
het bed	bed	de kinderkamer	nursery
het bedje	small bed, cot	de logeerkamer	spare room
de bestelwagen	delivery van	de mensen	people
de boom	tree	de oom	uncle
de bromfiets	motorised bicycle	de overkant	other side (across)

het raam	window	beiden	both (people)
de schepen	ships	die	which
het schip	ship	druk	busy
de slaapkamer	bedroom	eruit	out of
de sluis	lock, sluice	geen	no (= not any)
de straat	street	graag	with pleasure
de toegang	admission, admittance, access	heel	very
		hoe?	how?
de tuin	garden	hun	their
de verdieping	storey	ingericht	arranged
het verkeer	traffic	langs	along
de voorkant	front	maar	but
de vrachtauto	van, lorry	meer	more
het water	water	mijn	my
de weg	road, way	modern	(in a) modern (way)
de zitkamer	sitting-room		
		naar	to, towards
		open	open
gaan (ik ga)	to go	prettig	pleasant
geven (ik geef)	to give	tot	to
lopen (ik loop)	to walk, run	vanaf	from
varen (ik vaar)	to sail, go	vanuit	out of
zien (ik zie)	to see	veel	much, many
zitten (ik zit)	to sit	vlak bij	near by, close to
achter	behind	vlak voor	straight in front of
altijd	always		
ander	other	voorbij	past
beide	both (things)	zo maar	just

N.B. de eerste verdieping = the floor above the ground floor
the ground floor = de benedenverdieping, gelijkvloers

LESSON THREE
DERDE LES

DICTATION: DE DROOM VAN DE TIMMERMAN I

Er was eens een timmerman, een doodgewone timmerman, en die woonde in Zwolle in een huis aan de Dijkstraat. Het was een aardig, klein woonhuis met daarnaast een timmerwinkel waarin hij werkte. Achter het huis lag oorspronkelijk een grote tuin, maar van die tuin was eigenlijk niet veel meer overgebleven. Achterin stond nog altijd de grote boom, een bruine beuk, die zijn overgrootvader, een zeekapitein, daar destijds geplant had. Maar nu stonden er overal grote stapels planken en ladders en ook een kleine bestelwagen: U weet wel, al het spul dat een timmerman nodig heeft. Afgezien van die éne beuk was de tuin helemaal een timmerwerf geworden.

N.B. The words used in the dictations of Lessons Three, Five, Seven, Ten, Fourteen, Sixteen, Twenty-three and Twenty-four are to be found in the vocabulary lists at the end of this book. They need not be learned until Lesson Twenty-six.

Some useful descriptive words

de kleur	the colour	links	on (*or* to) the left
kleurig	colourful		
gekleurd	coloured	rechts	on (*or* to) the right
rood	red		
wit	white	linker	left hand (*adj.*)
blauw	blue	rechter	right hand (*adj.*)
oranje	orange	op de voorgrond	in the foreground
groen	green		
geel	yellow	op de achtergrond	in the background
grijs	grey		
zwart	black	bovenaan	at the top
bruin	brown	benedenaan	at the bottom
paars	purple	de/het voorste	the front one, the foremost
violet	violet		
rose ('rɔ:zə)	pink	de/het achterste	the back one
lichtblauw	light blue		
donkerblauw	dark blue		

SPELLING RULES

1 Words in Dutch are divided into syllables according to pronunciation, whereas in English syllable division is according to meaning or origin. Dutch syllables, whenever possible, start with a consonant.

e.g. zinkend = zin + kend
    petten = pet + ten
    raken = ra + ken

2 A syllable never ends in a doubled consonant.

3a In closed syllables (i.e. syllables ending in a consonant) a one-letter vowel indicates a short vowel sound; a two-letter vowel a long vowel sound:

man	maan
kap	kaap
stek	steek
bom	boom

3b In open syllables (i.e. syllables ending in a vowel sound) the one-letter vowel is considered long.ˈ (There are a few exceptions for one-syllable words ending in -e.)

e.g. ja
   zo

N.B. me (one e): the so-called neutral -e.
      mee (two e's): long -e.

General rule for the formation of the plural: add -en, but keep the original pronunciation unchanged.

Closed-syllable words with the two-letter vowels aa, ee, oo, uu, followed by a single consonant, become open-syllable words with the one-letter vowels a, e, o, u; the single consonant opens the new syllable:

e.g. maan   manen (ma-nen)
     boom   bomen (bo-men)

Closed-syllable words with a short vowel followed by a single consonant double this final consonant:

e.g. kap   kappen (kap-pen)
     bom   bommen (bom-men)

Note: bord, bor-den and boord, boor-den. In these words, the first syllable remains closed, as the second consonant becomes the opening consonant of the new syllable.

Spelling and pronunciation exercise

1	kat	8	rossen	15	rozen
2	los	9	zaten	16	letten
3	roos	10	rokken	17	heel
4	rek	11	prat	18	room
5	tallen	12	pallen	19	vele
6	roken	13	loos	20	lekken
7	beten	14	laat		

READING MATTER

De zon schijnt en de lucht is warm. De hemel is lichtblauw met kleine, witte wolkjes, en het water is blauwgroen. Het is mooi weer. De veerboot ligt in de haven. De schoorstenen van de boot zijn geel, met zwarte banden. Er vliegen enkele meeuwen om het schip. Vanaf het achterschip gooit een kok wat eten overboord. De meeuwen vinden het dadelijk.

De veerboot ligt langs de kade en wacht op de boottrein. Eindelijk komen er passagiers uit het station met hun bagage. Er zijn ook goederen in de trein. Die (= they) gaan direct in het vrachtruim van het schip.

Andere passagiers komen met hun auto. Het grote achterluik van het schip staat al open, en de auto's rijden voorzichtig naar binnen. Ook komen er enorme lorries met grote containers vol uitvoerprodukten.

Bij het station staat een karretje met fruit, snoepgoed en rook-artikelen. Vóór ze aan boord gaan kopen de reizigers repen chocola en pakjes sigaretten. Ook kijken ze naar het fruit en ze kopen wat vruchten voor de overtocht: appels, peren, druiven, bananen, si-naasappels, enz (= en zo voort).

In de haven varen enkele bootjes: sleepboten, vissersscheepjes en jachten. Er liggen ook vrachtschepen te laden en te lossen. Ik zit al aan boord van de veerboot, lekker in de zon op het sloepen-dek en kijk naar het levendig toneel. Het is allemaal heel aardig en interessant om te zien.

Oral exercise 1

Form questions with *wie*.

Example: Piet eet pap → Wie eet pap?

1. Ik ben klaar. 2. Piet is nog niet klaar. 3. Moeder wacht nog. 4. Vader wacht ook nog. 5. Hij heeft een bordje pap. 6. Zij drinkt een glas melk. 7. Vader is op de trap. 8. Hij ziet de tuin. 9. Ik heb een kamer op de eerste verdieping. 10. Ik zie het verkeer.

Oral exercise 2

Take the 10 sentences of the above exercise. Put the question with *wie* as before and answer your own question as well.

Written exercise 1

Give regular plural forms of the following words:

1. vel. 2. noot. 3. staart. 4. steek. 5. staat. 6. schok. 7. stem.
8. deel. 9. plas. 10. pit. 11. kraan. 12. rat. 13. strook. 14. pet.
15. poot.

Written exercise 2

Answer in Dutch:

1. Waar ligt de veerboot? 2. Wat is de kleur van de schoorsteen?
3. Welke boten varen in de haven? 4. Wat voor weer is het?
5. Wat is de kleur van de lucht? 6. Waar staat de kok? 7. Waar
vliegen de meeuwen? 8. Waar staat het karretje met fruit?
9. Welke vruchten zijn er? 10. Wat kopen de reizigers ook?

Written exercise 3

Translate into Dutch:

1. John (= Jan) is sitting on the boat deck. 2. He is looking at
the (small) boats in the harbour and waits for the passengers
from the boat train. 3. There are (small) white clouds; the sky is
blue, the sun shines and the air is warm. 4. The passengers come
out of the station. 5. The cars drive (= ride) carefully through
the big stern door. 6. Enormous lorries with containers also go
(= ride) on board. 7. The seagulls fly-round the ferry.
8. It is a lively scene, interesting to see. 9. The travellers buy
bars of chocolate and packets of cigarettes. 10. They look at the
fruit and buy some grapes, bananas and oranges.

Vocabulary

het achterluik	stern door	de band	band, stripe
het achterschip	stern	het boegvizier	bow visor
de appel	apple	de boot	boat
de bagage	luggage	het bootje	small boat
de banaan	banana	de boottrein	boat train

de chocola(de)	chocolate	het vissersschip	fishing boat
de container	container (on ships and lorries)	het voorschip	fo'c'sle
		het vrachtschip	(cargo) hold cargo boat, freighter
de druif	grape	het vrachtruim	
het fruit	fruit	de vrucht	fruit
de goederen	goods	het weer	weather
de haven	harbour	de wolk	cloud
de hemel	sky	het wolkje	small cloud
het jacht	yacht	de zon	sun
de kade	quay		
het karretje	barrow	doen	to do
de kok	chef	gooien	to throw
de lading	cargo	kijken	to look (at)
de lorrie	lorry	kopen	to buy
de lucht	air, sky	laden	to load
de meeuw	(sea) gull	liggen	to lie
de overtocht	crossing (of sea)	lossen	to unload
het pakje	packet	rijden	to ride, drive
de passagier	passenger	schijnen	to shine
de peer	pear	vinden	to find
de reep	bar	vliegen	to fly
de reiziger	traveller	wachten op	to wait for
de rookartikelen	tobacconist's goods	zitten	to sit
het ruim	(the) hold	aardig	nice(ly)
het scheepje	small ship	alles	all, everything
de schoorsteen	funnel; chimney	binnen	inside
de sigaret	cigarette	boord, aan	on board
de sinaasappel	orange	dadelijk	immediately
de sleepboot	tug	direct	direct(ly)
het sloependek	boat deck	eindelijk	at last
het snoepgoed	sweets	enkele	a few
het station	station	enorm	enormous
het toneel	scene	interessant	interesting
de trein	train	lekker	pleasant(ly)
het uitvoer- produkt	export item	levendig	lively
		mooi	fine, well
de veerboot	ferry	over	over

overboord	overboard	wat voor?	what kind of?
voorzichtig	careful(ly)	welk(e)?	which?
warm	warm, hot		

N.B. *het fruit* = fruit (general term; no plural)
   de vrucht, de vruchten = the fruit.
   e.g. drie appels en twee peren zijn vijf vruchten.

LESSON FOUR
VIERDE LES

Spelling and pronunciation exercise

1	rol	8	kom	15	buurt
2	el	9	vloot	16	raken
3	palen	10	vellen	17	rijs (= reis)
4	kinnen	11	roes	18	knellen
5	ratten	12	rapen	19	rezen
6	leken	13	rees	20	muren
7	kiezen	14	vlot		

VERBS

gaan = to go   staan = to stand   doen = to do   zien = to see

ik ga	ik sta	ik doe	ik zie
jij gaat	jij staat	jij doet	jij ziet
hij gaat	hij staat	hij doet	hij ziet
wij gaan	wij staan	wij doen	wij zien
jullie gaan	jullie staan	jullie doen	jullie zien
zij gaan	zij staan	zij doen	zij zien
U gaat	U staat	U doet	U ziet

Rules for the plural of nouns (given largely for future reference)

1 General rule: add -en.

2   The general principle is that the plural keeps the pronunciation of the singular root unchanged. (Apply the spelling rules concerning open and closed syllables given in Lesson Three.)
de bal—de ballen(= ball)
de baal—de balen(= bale)

3   There are a number of exceptions to rule 2, such as:
het bad—de baden (= bath)
het glas—de glazen (= glass)
de dag—de dagen (= day)
het dak—de daken (= roof)
het schot—de schoten (= shot)
de weg—de wegen (= way, road)
de oorlog—de oorlogen (= war)
het vat—de vaten (= barrel)

4   Adding -en, but with change of the root vowel are:
de stad—de steden (= town)
de smid—de smeden (= smith)
het schip—de schepen (= ship)
het lid—de leden (= member)

5   Nouns ending in unstressed -el, -en, -er and -em and those ending in a vowel take -s. Diminutives therefore add -s. A number of words ending in neutral -e add -n. Words ending in -ij, -aai, and -ooi take -en.

6   Nouns of foreign origin, such as de passagier, de officier, het balkon generally add -s, though some may add -en in non-colloquial language. Nouns of foreign origin ending in *a, i, o, u, é* take *'s* in the plural.

7   A number of nouns change their final -f or -s to -v- or -z-, respectively, in the plural:
de golf—de golven (= wave)
de reis—de reizen (= journey)
het huis—de huizen (= house)
de kaas—de kazen (= cheese)

8   Nouns in -heid change their ending to -heden:
de moeilijkheid—de moeilijkheden (= difficulty)

9   A number of neuter nouns add -eren to the singular:
het kind—de kinderen (= child)
het ei—de eieren (= egg)

10   Irregular plurals are:
de koe—de koeien (= cow)
de vlo—de vlooien (= flea)

11   -man often becomes -lui or -lieden:
de koopman—de kooplui (= merchant) or kooplieden
de timmerman—de timmerlui (= carpenter) or timmerlieden.

Oral exercise

Answer the following questions based on Lesson 3.

1. Wat is de kleur van de schoorsteen? 2. Wat is de kleur van de
band om de schoorsteen? 3. Zijn er wolkjes aan de hemel?
4. Wat is de kleur van de wolkjes? 5. Waar gaan de goederen uit
de trein? 5. Hoe rijden de auto's de veerboot in? 7. Wat staat er
op de enorme lorries? 8. Wat is er in de grote containers?
9. Staan de auto's op het sloependek? 10. Zit Jan in het
vrachtruim van de veerboot?

N.B. Oral exercises consisting of questions based on stated lessons
can best be dealt with as follows. The teacher reads out the text of
the reading matter, interpolating the various questions, leaving
time for the answer, then giving the correct answer with time for
it to be repeated, and then continuing the reading until the next
question. The student should not look at the reading matter but
should only listen to it.

Written exercise 1

Put the correct definite article (de or het) before the following
nouns.

1. huis. 2. trein. 3. boot. 4. lepel. 5. schip. 6. eten. 7. boom.
8. deur. 9. tafel. 10. raam. 11. balkon. 12. tafellaken. 13. lucht.
14. station. 15. fruit. 16. midden. 17. water. 18. vrucht. 19. glas.
20. weer.

Written exercise 2

Translate into Dutch:

1. He goes on board. 2. She is going on board. 3. She is not going on board. 4. Does he see the boat? 5. Are you people looking? 6. The gulls do not fly over the station. 7. Does the traveller buy the bananas? 8. What does Peter see? 9. Where is the station? 10. The station is in the first street on the left.

Written exercise 3

Translate the following sentences into Dutch, giving in each case two alternative constructions.

e.g. I see a book on the table.

(a) Ik zie een boek op de tafel.
(b) Op de tafel zie ik een boek.

1. A passenger is sitting on the boat deck. 2. Seagulls fly over the harbour. 3. A fork lies to the left of the plate. 4. I see the traffic on both sides of the canal. 5. He sees the cars from his window. 6. My father comes at five o'clock. 7. A few boats are moving (= *varen*) in the harbour. 8. My uncle is coming here with the luggage at six o'clock. 9. There is a big container on the lorry. 10. Passengers are coming out of the station.

Written exercise 4

Give the plurals of the following nouns, using the rules given in this lesson, indicating which particular rule has been applied.

1. het bord. 2. de kamer. 3. het bordje. 4. de trap. 5. de koek. 6. het mes. 7. de kaas. 8. de tuin. 9. de stoel. 10. de boom. 11. de banaan. 12. de stad. 13. het schip. 14. de straat. 15. de schoorsteen. 16. het raam. 17. de druif. 18. de weg. 19. het huis. 20. de kameel.

Written exercise 5

Translate into Dutch:

My father has a boat. It lies in (= op) the canal in front of the house and is arranged in a modern way. There is a cabin on board, with a table, a chair and two bunks. There are four windows in the cabin; from the windows I see the other ships on the canal. I also see the cars that (= die) wait in front of the bridge. It is very pleasant on board.

Vocabulary

the cabin	de kajuit	under	onder
with	met	the bunk	de kooi
here	hier		

Vocabulary for use in oral exercises of Lesson Five

de pijp	the pipe
de hoed	the hat

LESSON FIVE
VIJFDE LES

Spelling and pronunciation exercise

1	dop	9	doop	15	laven
2	varen	10	wijd (=	16	reizen (=
3	pennen		weid, wijt,		rijzen)
4	reep		weit)	17	leut
5	waren	11	vet	18	beeld (=
6	tomen	12	blaffen		beelt*,
7	rijp (= reip*)	13	wet		beeldt)
8	fuik	14	luit (= luid,	19	rezen
			luidt)	20	keur

DICTATION: DE DROOM VAN DE TIMMERMAN II

Op een nacht droomde de timmerman eens iets heel vreemds. In zijn droom reisde hij naar Amsterdam en ging daar op een zekere brug staan, en wel de brug van het Muntplein. En dààr kreeg hij in zijn droom goed nieuws te horen.

Ach, het was maar een droom. 'Dromen zijn bedrog', zegt het spreekwoord. Maar toen hij diezelfde droom een tweede keer droomde, en toen een derde keer, toen begon hij ernstig over de hele kwestie na te denken.

(See note to dictation, Lesson Three.)

THE POSSESSIVE ADJECTIVES

These, unlike possessive pronouns, always accompany a noun. A number of them have weak forms used when in unaccented positions.

	Stressed forms	Weak forms	
1st person sing.	mijn	m'n	(my)
2nd person sing.	jouw	je	(your)
3rd person (masc.)	zijn	z'n	(his)
(sing.) (fem.)	haar	d'r or 'r	(her)
(neut.)	zijn	z'n	(its)
1st person pl.	ons, onze		(our)
2nd person pl.	jullie	No weak	(your)
3rd person pl.	hun	forms	(their)
Politeness form	Uw		(your)

In modern Dutch the possessive adjectives remain uninflected, except the one for the 1st person plural, which is *ons* when referring to a neuter singular, and *onze* when referring to a common singular or to a plural.

THE POSSESSIVE PRONOUNS

These replace the noun.

1st person sing.		de/het mijne
2nd person sing.		de/het jouwe
3rd person sing.	(masc.)	de/het zijne
	(fem.)	de/het hare
	(neut.)	de/het zijne

1st person pl.   de/het onze
2nd person pl.   no forms
3rd person pl.   de/het hunne
Politeness form.   de/het Uwe
de tuin—de mijne
de bomen—de mijne
het huis—het mijne
de huizen—de mijne

N.B. 1 These forms are used to refer to either singular or plural nouns; with *het* they refer to a neuter noun in the singular, with *de* to a common noun either singular or plural and to a neuter noun in the plural.

N.B. 2 For members of the family (or dependents) -n is added: e.g. de mijnen.

N.B. 3 For the 2nd person plural, the following forms are used: die van jullie (for common singular and all plurals), dat van jullie (for neuter singular).

ADJECTIVE DECLENSION

The adjective describes a noun by qualifying it. As a general rule, the adjective in Dutch adds a declensional *-e*. This *-e* is not added:

1 When the adjective is used alone, i.e. without article or noun, and with a verb such as *zijn*, *blijven* (remain), *schijnen* (seem), *blijken* (appear, be evident) or *heten* (be called):

het is koud; *het blijft warm.*

2 When the adjective is used without an article but with a neuter noun:

lekker fruit; *mooi weer.*

3 When the adjective occurs between the indefinite article (*een*) or an indefinite pronoun (e.g. *geen*) or a possessive adjective (e.g. *mijn*, *zijn*) and a neuter singular noun:

een goed potlood (pencil); *geen mooi weer*; *zijn groot huis.*

N.B. There are personal and regional divergencies from this rule.

4   When the adjective is used in a non-literal sense:

een groot man = a great man; (*een grote man* = a large, tall man)
een oud-soldaat = an ex-soldier; *een oude soldaat* = an old soldier.
N.B. 2 ex-soldiers = 2 oud-soldaten.

The following adjectives NEVER take an *-e*:

1   adjectives ending in *-en*; these include all adjectives indicating a material: *ijzeren*, *houten*, *papieren*, etc.

2   adjectives of more than 2 syllables, ending in *-er*:

Groninger koek (Groningen cake)
ingewikkelder kwesties (more intricate questions)

3   the adjectives *rechter* (on *or* to the right) and *linker* (on *or* to the left)

The added *-e* is invariably part of an extra syllable, the addition of which may change the spelling by the rules concerning open and closed syllables:

groot – grote; *dik – dikke*; *dun – dunne*.

A number of adjectives ending in *-s* or *-f* change *-s* or *-f* into *-z-* or *-v-* respectively when *-e* is added:

broos – broze (brittle); *boos – boze* (cross, angry); *vies – vieze* (filthy); *dwaas – dwaze* (silly); *doof – dove* (deaf); *lief – lieve* (sweet)

There are rare cases in which the vowel sound of the root changes when *-e* is added:

grof – grove (coarse)

N.B. The adjectives indicating materials are formed by adding *-en* to the name of the material, keeping the original pronunciation unchanged: *het papier – papieren*, *het ijzer – ijzeren*, *het hout – houten*, *steen – stenen*.

These adjectives must never be used alone:

de houten kist, but: *de kist is van hout*.

ADVERBS

Adverbs are words which qualify 1) verbs, 2) adjectives, 3) other adverbs. As a general rule, Dutch adjectives and adverbs have the same form, but the Dutch adverbs remain uninflected.

In the following examples, adverbs are in italics, adjectives are not.

een langzaam schip = a slow ship
het langzame schip = the slow ship
het *heel* langzame schip = the *very* slow ship
het schip vaart *langzaam* = the ship goes *slowly*
het schip vaart *heel langzaam* = the ship goes *very slowly*

READING MATTER

De oude stad is omringd door hoge wallen. De lange straten en diepe grachten zijn nauw en kronkelen tussen de mooie oude gebouwen. In het midden van de stad is de enige open ruimte, het wijde marktplein; daar ziet men het deftige stadhuis. Bijna alle huizen om de markt zijn cafeetjes, restaurants en broodjeswinkels voor de stadsmensen en vooral voor de vele bezoekers. De huizen in dat deel van de stad zijn smal en hoog, want de grond is daar nogal duur. Verder van het centrum zijn er ruime, deftige huizen, met brede ramen. De pakhuizen met hun dikke muren en eikenhouten balken en planken staan daar al eeuwen en zijn nog even stevig als vroeger.

Oral exercise 1

Change the order of the words in the following sentences.

Example: Mijn oom komt *om zes uur*. → Om zes uur komt mijn oom.

1. Hij komt *om vijf uur*. 2. Een vork ligt *naast het bord*. 3. Een bord ligt *op tafel*. 4. Hij komt *om drie uur* bij ons. 5. Het bedje van Piet staat *op de kinderkamer*. 6. Mijn pijp ligt *op de tafel*. 7. Een kanaal loopt *langs het huis*. 8. Er zijn drie auto's *op de brug*. 9. Ik zie veel *van het balkon*. 10. Ik zie de straat *vanuit mijn raam*. 11. Een veerboot ligt *in de haven*. 12. Een karretje

met fruit staat *buiten het station*. 13. Enkele bootjes varen *in de haven*. 14. De kok staat *op het achterschip*.

Oral exercise 2

Follow the examples.

De vork ligt links van het bord. → Hij ligt links van het bord.
Het mes ligt op tafel. → Het ligt op tafel.

1. Het bord ligt op tafel. 2. De hoed ligt op de grond. 3. Het brood staat op de broodplank. 4. Het boek ligt op de stoel. 5. De kaas is op het bord. 6. De veerboot ligt in de haven. 7. De lorrie gaat het vrachtruim in. 8. De bestelwagen rijdt op de brug. 9. Het karretje staat naast de auto. 10. Het fruit ligt op het karretje. 11. De borden liggen op tafel. 12. De vorken liggen op tafel. 13. De sneetjes brood liggen in de broodschaal. 14. De schepen varen voorbij. 15. De auto's rijden uit het station.

Written exercise 1

Translate into Dutch:

1. the blue funnel. 2. a thick wall. 3. in the fine, new station. 4. deep water. 5. a round fruit. 6. two wide streets. 7. a large house. 8. a busy market. 9. an open space. 10. not a fine house. 11. no good apples. 12. high houses. 13. an ex-soldier. 14. two ex-soldiers. 15. a wooden beam. 16. with a new ship. 17. busy markets. 18. the houses are stately. 19. the canal is not deep. 20. two thick planks.

Written exercise 2

Translate and give the plurals of:

1. the harbour. 2. the car. 3. the barrow. 4. the little boat. 5. a tree. 6. the ship. 7. a loaf. 8. the cargo. 9. a fork. 10. the bread-dish. 11. a colour. 12. the door. 13. the small bed. 14. the bridge. 15. the table. 16. the train. 17. the house. 18. the chair. 19. the canal. 20. the glass.

Written exercise 3

Translate into Dutch:

1. I look at the bread-board on the long table. 2. There is a glass of milk on the table. 3. On the table there are two glasses of water. 4. Are you looking at the green chair? 5. Do you see a white tablecloth? (familiar 2nd pers. sing.). 6. I see no white tablecloths. 7. There are two windows in the room. 8. In the room there are two windows. 9. Are you going to the station? (formal) 10. Do you see the large forks? (familiar)

Written exercise 4

Translate into Dutch:

The tall warehouse stands near the deep canal. In front of the warehouse lie two small ships and one large ship. A number of men carry planks from the large ship to (= naar) the small ships. They also carry planks to the warehouse. At the side of the warehouse, we see a stately house of three storeys. The old merchant from the tall warehouse lives there. From his windows he sees the fine ships and the busy traffic on the water. The old merchant works hard; he is a good man.

Vocabulary

de balk	beam	de gracht	town canal
de bezoeker	visitor	de grond	ground
het bier	beer	het hout	wood
het boek	book	het ijzer	iron
de broodjes-winkel	sandwich bar	de markt	market
		het marktplein	market square
het café, het cafeetje	café	het pakhuis	warehouse
		het papier	paper
het centrum	centre (of town)	de plank	plank
het deel	part	het plein	square
een deel van	part of	het potlood	pencil
de eik	oak (tree)	het restaurant	restaurant
het eikenhout	oak (wood)	de ruimte	space
het gebouw	building	de sigaar	cigar

de soldaat	soldier	goed	good
de stad	town	groot	large, big, great
het stadhuis	town hall	hoog	high, tall
de steen	stone	houten	wooden
de wal	town-wall (rampart)	klein	small
		lang	long
de wijn	wine	lief	dear (sweet)
		men	people, one
dragen	to carry	nauw	narrow, tight
kronkelen	to wind, (of road)	nogal	fairly, rather
		omringd	surrounded
wonen	to live, dwell	oud	old
		ruim	roomy, spacious
bij	near	smal	narrow
breed	broad	stevig	firm
deftig	stately	tussen	between
diep	deep	ver, verder	far, farther
dik	thick	vooral	above all
dun	thin	vroeg, vroeger	early, earlier; formerly
duur	expensive		
eikenhouten	(made of) oak	want	for
enig	only (sole)	wijd	wide
even	equally	zacht	soft

Vocabulary for use in oral exercises of Lesson Six:

de jongen	boy	lelijk	ugly
de koffie	coffee	nieuw	new
de man	man	ondiep	shallow
de thee	tea	slim	clever
kort	short	vuil	dirty

LESSON SIX
ZESDE LES

READING MATTER: EEN ZONDERLING AVONTUUR VAN BARON VAN MÜNCHHAUSEN IN POLEN

Het is winter. De beroemde Baron van Münchhausen is op reis. Hij reist te paard van Rome naar Rusland. Nu is hij in Polen. 's Morgens vertrekt hij uit een kleine stad. Hij rijdt de hele dag, zonder een enkel huis of dorp te zien. Het is heel koud, en 's middags begint het te sneeuwen. Er valt vreselijk veel sneeuw. Na lange uren wordt het avond. Het landschap ligt onder een dikke laag sneeuw verborgen. Er is niets te zien: geen struik, geen boom, geen huis, niets. De baron ziet zelfs geen weg. Alles is wit, maar toch wordt het donker. De baron zoekt een licht, want hij wordt moe. Waar een licht is, is misschien een bed en ook wat voedsel. Maar hij heeft geen geluk en hij is de weg kwijt. Op den duur wordt zijn paard zo moe dat het bijna valt. Opeens struikelt het over een klein ijzeren paaltje dat een klein eindje boven de sneeuw

uitsteekt. De baron denkt dat het zeker een wegwijzer is. Hij besluit te blijven waar hij is, en de volgende morgen met frisse moed verder te gaan. Hij bindt zijn paard aan het paaltje, legt zijn pistolen onder zijn hoofd, rolt zich in zijn reisdeken en valt in slaap.

De volgende morgen wordt de baron wakker. Het is mooi weer, de zon schijnt en de baron ligt op het groene gras van een klein kerkhof. Zijn mantel ligt nog steeds onder hem, en zijn pistolen liggen ook op de grond onder zijn hoofd. 'Droom ik?' zegt hij. 'Nee, ik ben echt wakker. Maar waar ben ik, en waar is mijn trouw paard?' Op dat ogenblik hoort de baron het antwoord in de vorm van het gehinnik van zijn paard, hoog boven zijn hoofd. 'Wat is dat? Hoe is dat mogelijk?' Hij kijkt naar boven, en ziet het paard, boven aan de toren, met de teugel aan het haantje van de toren. De baron neemt een van zijn pistolen. Hij mikt en schiet: de teugel breekt, het paard glijdt naar beneden, en valt zachtjes op het gras. De baron springt op zijn paard en rijdt weg.

Wat is er gebeurd? De baron vertelt het volgende: Eerst valt er zoveel sneeuw, dat het hele landschap diep onder de sneeuw ligt. Het ijzeren paaltje dat boven de sneeuw uitsteekt, is het haantje van de toren, en niet een wegwijzer. Plotseling wordt het 's nachts warmer, en het dooit. Al de sneeuw smelt, en het paard blijft hoog en droog op het dak. De rest weet U. Maar . . . gelooft U het? Als het waar is, is het zeker een heel zonderling avontuur.

RULES FOR THE FORMATION OF THE PRESENT TENSE FORMS

General rule

The 1st, 2nd and 3rd persons singular are written so as to reproduce the pronunciation of the root in the infinitive—the 2nd and 3rd persons adding a -t.

e.g. kijken—ik kijk—hij kijkt
     lopen—ik loop—hij loopt
     nemen—ik neem—hij neemt

N.B. 1   As no syllable in Dutch may end in either z, zt, v or vt, these endings are written s, st, f, or ft, respectively.

e.g. lezen—ik lees—hij leest
     leven—ik leef—hij leeft
     reizen—ik reis—hij reist

N.B. 2   Note once more that no syllable in Dutch may end in a doubled consonant.

e.g. tellen—ik tel—hij telt

N.B. 3   If the root ends in a -t, no second t is added for the 2nd and 3rd persons (cf. N.B. 2), and similarly there is no extra -t to be discarded in the case of inversion; the spelling -dt can occur when necessary.

e.g. zitten—ik zit—hij zit
     worden—ik word—hij wordt

N.B. 4   komen is irregular.

ik kom, je komt, hij komt, wij komen, jullie komen, zij komen, U komt.

DIMINUTIVES

All diminutives are neuter.
1   General rule: They are formed by adding –je to the original noun.

2   If the noun ends in:

ends in:	add:	e.g.:
long vowel + l	-tje	paal, paaltje
short vowel + l	l-letje	bal, balletje
long vowel + m	-pje	raam, raampje
short vowel + m	m-metje	kam, kammetje
long vowel + n	-tje	kraan, kraantje
short vowel + n	n-netje	kan, kannetje
long vowel + r	-tje	paar, paartje
short vowel + r	r-retje	kar, karretje
w or vowel	-tje	duw, duwtje

3   Schip is irregular: scheepje

Oral exercise 1

Change the order of the words in the following sentences.

Example: Ik zie een boek *op de tafel*. → Op de tafel zie ik een boek.

1. Een reiziger staat *op de kade*. 2. Ik zie het verkeer *aan beide kanten van het water*. 3. Meeuwen vliegen *boven het schip*.

4. Enkele boten varen *in de haven*. 5. Mijn vader komt *om acht uur*. 9. Mijn oom komt *om zes uur* bij ons.

Oral exercise 2

Follow the examples.

de oude muur
groot → de grote muur; nieuw→de nieuwe muur; dik→de dikke muur; hoog→de hoge muur.

1   de oude stad : nieuw – mooi – groot – prettig – lelijk
2   de oude muren: groot – nieuw – dik – hoog
3   de oude steden : nieuw – mooi– prettig – lelijk – groot
4   de lange straat : kort – mooi – lelijk – prettig
5   de diepe gracht: ondiep – vuil – lang – kort
6   het mooie gebouw: oud – groot – nieuw
7   de lange straten : mooi – vuil – kort – nieuw

Oral exercise 3

Follow the example.

de jongen – goed → een goede jongen

1. de sigaret – duur. 2. het boek – goed. 3. het kind – klein.
4. het huis – hoog. 5. de man – slim.

Oral exercise 4

Follow the example

de koffie → er is geen goede koffie

1. de thee. 2. het bier. 3. het water. 4. de wijn. 5. het boek.

Oral exercise 5

Follow the example.

de stad – oud → ik zie de oude stad

1. de steden – oud. 2. de muur – hoog. 3. de muren – hoog.

4. de straat – lang. 5. de straten – lang. 6. de gracht – diep. 7. de grachten – diep. 8. het gebouw – oud. 9. de gebouwen – oud. 10. het gebouw – mooi. 11. de gebouwen – mooi. 12. de ruimte – open. 13. het marktplein – wijd. 14. het stadhuis – deftig. 15. de huizen – smal. 16. de huizen – hoog. 17. de grond – duur. 18. de huizen – deftig. 19. de ramen – breed. 20. de muren – dik.

Written exercise

Translate into Dutch:

1. The cold winter. 2. It is a cold winter. 3. It is cold in winter. 4. It is very cold. 5. In winter it is terribly cold. 6. He goes on a journey. 7. He is on a journey. 8. He travels. 9. We travel. 10. We travel in winter. 11. You people travel. 12. We leave (from = uit) Holland. 13. It rains. 14. It begins to rain. 15. The white snow melts. 16. It thaws. 17. There is no snow. 18. There is nothing. 19. The snow is thick. 20. The thick layer. 21. A thick layer of snow. 22. The layer is thick. 23. Everything is white. 24. There is nothing to be seen. 25. I see nothing. 26. After long hours it begins to snow. 27. There are bushes round the house. 28. There is a light in the house. 29. 30. There are no lights in the house (2 translations). 31. I am getting tired (= I become tired). 32. He is also very tired. 33. He is so tired that he falls. 34. I have lost my way. 35. Have you lost your way? 36. The iron post. 37. The wooden post. 38. I see a small portion (= het deel) of the post. 39. It is a signpost. 40. It is getting dark. 41. I see the road. 42. I do not see the road. 43. I do not even see the road. 44. It is lost. 45. My pistol is lost. 46. His pistol is not lost. 47. I lay my pistol on the ground. 48. He lays his pistols on the ground. 49. He puts his blankets under him(self) (= zich). 50. We fall asleep. 51, 52. It is cold at night (2 translations). 53. He travels during the day and he sleeps during the night. 54, 55. In the evening the horse seeks food (2 translations). 56. There is no food on the snow. 57. The snow lies on the grass. 58. There is no green grass. 59. It is dark and there is nothing to be seen. 60. He sees nothing. 61. He wakes up. 62. Does he wake up? 63. Does the baron wake up? 64. I suddenly wake up. 65. Suddenly I wake up. 66. The sun shines on the snow. 67. It is getting warmer.

68. It is thawing. 69. When it thaws, the snow melts. 70. Am I really awake? 71. Where is the signpost? 72. Where is my horse? 73. Where is his horse? 74. His horses and our horses. 75. Our horses are standing along the road. 76. The grass is green. 77. The green grass of the churchyard. 78. The church stands at the side of the old churchyard. 79. The tower is high. 80. The high tower. 81. It is high above my head. 82. It is above our heads (translate as: our head). 83. It is not possible. 84. Perhaps it is still possible. 85. The horse neighs. 86. He hears the neighing of the horse. 87. At that moment I see the horse. 88. We fall on the grass. 89. Does he fall? 90. He looks up. 91. It is not a signpost, but the weathercock. 92. He takes one of our pistols. 93. The pistols are still dry. 94. He shoots. 95. Does the bridle break? 96. He falls gently. 97. I decide to leave. 98. We jump on our horses and ride away. 99. It is terribly warm. 100. We go on with fresh courage.

Vocabulary

de avond	evening	de kan	jug
het avontuur	adventure	de kar	cart
de bal	ball	de kerk	church
de baron	baron	het kerkhof	churchyard
de dag	day	de kraan	tap
de deken	blanket	het land	land, country
het dorp	village	het landschap	landscape
de duw	push	de lente	spring
het eind	end	het licht	light
een eindje	a little way	de mantel	cloak
het gehinnik	neighing	de middag	afternoon
het geluk	(good) luck	de moed	courage
het gras	grass	de morgen	morning
het haantje (van de toren)	weathercock	de nacht	night
		het ogenblik	moment
de herfst	autumn	de paal	post
het hoofd	head	het paar	pair, couple
het ijzer	iron	het paard	horse
de kam	comb	het pistool	pistol

het raam	window	rollen	to roll
de regen	rain	schieten	to shoot (= fire)
de reis	journey	slapen	to sleep
de slaap	sleep	smelten	to melt
de sneeuw	snow	sneeuwen	to snow
de struik	bush	springen	to jump
de teugel	bridle	struikelen	to stumble
de toren	tower, steeple	uitsteken	to stick out
het volgende	the following	vallen	to fall
de wegwijzer	signpost	in slaap vallen	to fall asleep
de wind	wind	vertellen	to tell
de winter	winter	vertrekken	to leave
de zomer	summer	volgen	to follow
		waaien	to blow (of wind)
Engeland	England		
Engels	English	wakker worden	to wake up (oneself)
Holland, Nederland	Holland, The Netherlands	weten	to know
Hollands, Nederlands	Dutch	worden	to become, get
Polen	Poland	zeggen	to say
Rusland	Russia	zoeken	to seek
		beroemd	famous
beginnen	to begin	droog	dry
besluiten	to decide	echt	real
binden	to bind	fris	fresh
blijven	to remain	heel (adj.)	whole, entire, all
breken	to break		
denken	to think	heel (adv.)	very
dooien	to thaw	in de herfst	in the autumn
dromen	to dream	in de lente	in (the) spring
geloven	to believe	koud	cold
glijden	to glide, slide	kwijt	lost
hinniken	to neigh	misschien	perhaps
mikken	to aim	moe (moede)	tired
nemen	to take	mogelijk	possible
regenen	to rain	na	after
reizen	to travel	niets	nothing
rijden	to ride	nog steeds	still

op den duur	in the long run	trouw	faithful
opeens	at once	verborgen	hidden
op reis	on a journey	vreselijk	terrible, terribly
overdag	during the day	waar	true
plotseling	suddenly	wakker	awake
's avonds	in the evening, at night	warm	warm, hot
		Wat is er gebeurd?	What has happened?
's middags	in the afternoon		
's morgens	in the morning	zacht	soft(ly)
's nachts	at night, during the night	zachtjes	softly
		zelfs	even
's winters	in winter	zich	himself
's zomers	in summer	zo	so
te paard	on horseback	zonderling	curious
toch	yet (all the same)		

N.B.1 to put (flat) down, or lay = leggen
     to put down (on end) = zetten.

N.B.2 When two nouns are joined together, the main noun gives its gender to the joined word. There are very few exceptions to this rule.

de kerk + het hof → het kerkhof
de vracht + het ruim → het vrachtruim
het ontbijt + de koek → de ontbijtkoek
But: de post + het zegel → de postzegel (postage stamp)

LESSON SEVEN
ZEVENDE LES

DICTATION: DE DROOM VAN DE TIMMERMAN III

Na lang over de hele kwestie te hebben nagedacht kwam de timmerman eindelijk tot het besluit om een paar dagen vakantie te nemen en naar Amsterdam te gaan. 'Het kan geen kwaad,' dacht hij, 'en je weet nooit wat er kan gebeuren.'

Vroeg in de morgen kocht hij een kaartje aan het loket van het station in Zwolle, want hij ging met de trein. De reis ging via Amersfoort, een groot Nederlands spoorwegcentrum.

In Amsterdam aangekomen nam hij zijn intrek in een goedkoop hotel. Hij stopte zijn koffer netjes onder zijn bed, en ging dadelijk naar de brug waarvan hij gedroomd had.

(See note to dictation, Lesson Three.)

MAIN CLAUSES, DEPENDENT CLAUSES AND CO-ORDINATE SENTENCES

A clause is a connected group of words containing a finite verb. A finite verb is a form of a verb indicating person (1st, 2nd or 3rd) and number (sing. or plur.) — see, sees. Non-finite forms of the verb do not indicate person and number, e.g. 1 the infinitive — to see, 2 the present participle — seeing, 3 the past participle — seen.

A complex sentence consists of a number of clauses. One of these clauses contains the main statement and is called the main clause; all other clauses play a certain part within this main clause and are called dependent clauses. The part they play in the main clause is that of adjective (adjectival clause), of adverb (adverbial clause), or of noun (nominal clause, either subject clause or object clause). The main clause is not necessarily the first clause of the complex sentence. If the main clause is preceded by a dependent clause, there will be inversion in the main clause. The general word order of the main clause in Dutch is that given on pp. 8–9. The word order within the dependent clause is altogether different: inversion never occurs since the finite verb goes to the end.

Mijn oom, die op de hoek van de straat woont, gaat om vijf uur naar huis

S (- - - - - - - - - -v) V RRR.

(My uncle, who lives at the corner of the street, goes home at 5 o'clock.)

Om vijf uur gaat mijn oom, die op de hoek van de straat woont,
naar huis.

R   V   S   (- - - - - - - - - - -v)   RR.

(At 5 o'clock, my uncle who lives at the corner of the street, goes
home.)

N.B. 1   In the above examples, the dependent clause plays the
part of adjective to *oom*. The inversion in the main clause of the
second example makes no difference to the dependent clause.

N.B. 2   All adjectival clauses in Dutch are linked with the main
clause by means of a relative pronoun; this link may never be left
out as it frequently is in English.

The man (that) I see is my uncle.
De man *die* ik zie is mijn oom.

N.B. 3   When the relative pronoun is used without an accompanying preposition, its form depends on the gender and number
of the noun to which it refers: referring to a neuter singular it is
dat, referring to a neuter plural or a common singular or plural, it
is *die*:

Common Sing.	die	De man die spreekt is mijn oom =
Neuter Sing.	dat	Het huis dat daar staat is van mijn oom =
Plural:	die	De huizen die daar staan zijn van mijn oom =
English:		= The man who speaks is my uncle.
		= The house which stands there belongs to my uncle.
		= The houses which stand there belong to my uncle.

N.B, 4   When the relative pronoun is accompanied by a preposition (e.g. to whom, on which), the form of the link word used
depends on whether it refers to a person (or persons) or a thing
(or things), irrespective of gender and number:

(a) If referring to a person (or persons) use *preposition + wie* (2
separate words):
De man *met wie hij spreekt* is rijk = The man with whom he is
talking is rich.

(b) If not referring to a person (but to a thing) use *waar* + *pre-position* (written as one word):

De tafel *waarop het ligt* is schoon = The table on which it lies is clean.

It is possible, though not customary, to use this construction when referring to persons.

N.B. 5   Do not translate the English preposition literally in all cases, but use the one demanded by the Dutch idiom:

to look at—kijken (naar wie, waarnaar)
to wait for—wachten op (op wie, waarop)
to listen to—luisteren naar (naar wie, waarnaar)

The train for which he is waiting is late = De trein waarop hij wacht is te laat.
The man at whom you are looking is going away = De man naar wie je kijkt gaat weg.

N.B. 6   *whose* means *of whom* and is to be treated as a combination of relative pronoun and preposition: van wie.

N.B. 7   *waar* + *preposition* (one word) can be broken up in colloquial Dutch; the preposition then directly precedes the verb:

Het huis waar we van spreken, . . .
Het paaltje waar het aan hangt, . . .
De trein waar ik morgen mee vertrek, . . .

In speech this method is preferable.

N.B. 8   The preposition *met* is changed to *mee* when linked with *waar*: Het pistool waarmee hij schiet . . .

A sentence can be composed of two or more main clauses (each with or without one or more dependent clauses) linked by a word indicating the existence of some connection between the main clauses. The main clauses are not, however, subordinate to each other. Such sentences are called co-ordinate or compound. The word linking the main clauses is called a conjunction. In some cases it is considered as remaining outside the sentence proper, and does not influence the word order of the main clause it introduces. Such conjunctions are: *en* = and, *maar* = but, *want* = for, *of* . . . *of* . . . = either . . . or . . .

Examples:

(He goes home at 4 o'clock *and* he does his work.)
Hij gaat om vier uur naar huis, *en* hij doet zijn werk.
S V   RRR   —X— S   RRR

(It is very long, *but* it is not really long enough.)
Het is heel lang, *maar* het is toch niet lang genoeg.
S V RRR —X— S V   RRR

(I am going home, *for* I am tired.)
Ik ga naar huis, *want* ik ben moe.
S V   RRR —X— S V RRR

It is clear that there are no dependent clauses among the above examples, as in none of them does the Dutch finite verb have end-position. Compare them with the following example, a main clause with dependent clause of reason:

(He is going home, because he is extremely tired.)
Hij gaat naar huis, omdat hij vreselijk moe is.
S V RRR   (x   s. . . . . . .   v)

In certain cases the word linking the co-ordinate sentences is, however, taken to be the first word of the main clause it introduces. Such link words are *echter* (however), *toch* (yet), *evenwel* (nevertheless),

(It is raining; *therefore* I shall stay at home.)
Het regent; *daarom* blijf ik thuis.
S V (RRR) —X   V S RRR

Spelling and pronunciation exercise

1	koop	6	rijp (=reip*)	11	tuit	16	mezen
2	rennen	7	luik	12	wet	17	leur
3	reep	8	waren	13	bijl (beil)*	18	haven
4	sop	9	deuk	14	teut	19	uier
5	svaren	10	vet	15	straffen	20	tomen

Oral exercise 1

Turn the following sentences into questions.

Example: Hij wordt om zes uur wakker. → Wordt hij om zes uur wakker?

1. Ik val om acht uur in slaap. 2. Hij wordt om negen uur wakker. 3. Zij valt om tien uur in slaap. 4. Jullie vallen om tien uur in slaap. 5. Ik ga om vijf uur naar huis. 6. Jij gaat om zeven uur naar huis. Jullie gaan om tien uur naar huis.

Oral exercise 2

Change the word order.

Example: Hij wordt om vijf uur wakker. → Om vijf uur wordt hij wakker.

1. Jullie worden *om acht uur* wakker. 2. Zij wordt *om zeven uur* wakker. 3. U wordt *om acht uur* wakker. 4. U valt *om negen uur* in slaap. 5. Zij valt *om tien uur* in slaap. 6. Zij vallen *om twaalf uur* in slaap. 7. Hij gaat *om zes uur* naar huis. 8. Jullie gaan *om tien uur* naar huis.

Oral exercise 3

Answer the following questions based on Lesson 6.

1. Wat doet de baron? 2. Waar is hij nu? 3. Waar is hij 's morgens? 4. Wat doet hij de hele dag? 5. Ziet hij een huis? 6. Ziet hij een dorp? 7. Hoe is het weer? 8. Wanneer begint het te sneeuwen? 9. Valt er veel sneeuw? 10. Kan de baron iets zien? 11. Ziet de baron een weg? 12. Wat zoekt de baron? 13. Heeft de baron geluk? 14. Is de baron de weg kwijt? 15. Hoe moe is het paard? 16. Waar struikelt het paard over? 17. Wat steekt boven de sneeuw uit? 18. Hoe ver steekt het boven de sneeuw uit? 19. Wat denkt de baron? 20. Wat besluit hij? 21. Waar besluit hij te blijven? 22. Wanneer besluit hij verder te gaan? 23. Waar bindt hij zijn paard aan? 24. Aan welk paaltje bindt hij zijn paard? 25. Wat legt hij onder zijn hoofd? 26. Waar rolt hij zich in? 27. En wat doet hij dan?

Written exercise 1

Translate into Dutch:

1. I ride. 2. We travel. 3. I travel. 4. Do you think? (familiar).
5. She decides. 6. I remain. 7. You hear. 8. It rains. 9. It breaks.
10. He says. 11. He shoots. 12. He becomes. 13. He travels.
14. We roll. 15. I am taking. 16. They stumble. 17. He binds.
18. Do I hear? 19. Does it fall? 20. He does his work.

Written exercise 2

Translate into Dutch:

1. My room, which is on the first floor, is next to the spare room.
2. The gulls fly round the cook who throws food overboard.
3. The passenger who comes from the boat-train carries his
luggage. 4. There are five chairs round the table which stands in
the middle of the room. 5. The ferry which lies in the harbour
has a yellow funnel.

Written exercise 3

Translate into Dutch

1. The barrow, on which the fruit lies, stands outside the station.
2. The glass from (*uit*) which he drinks stands by the side of his
plate. 3. The ground on which the warehouse stands is very dear.
4. He sees the glass in which the milk goes. 5. Do you see
(*formal*) the chair under which the book lies?

Written exercise 4

Translate into Dutch:

1. The room which has a balcony has also a large window. 2. Is
this (*dit*) the canal that goes to the harbour? 3. The road that
runs along the canal is not very wide. 4. The trees that stand at
the back of the house are straight in front of his window. 5. The
boat which my father has lies near the bridge.

Written exercise 5

Translate into Dutch:

1. The people who are sitting in the restaurant are visitors.
2. Does the old merchant live in the house that stands near the warehouse? 3. The streets that wind through the old town are long and narrow. 4. The man who goes on board is a merchant. 5. He takes the fruit that lies on the barrow.

Written exercise 6

Translate into Dutch:

1. Here is the man whose car it is. 2. Anneke, whose glass it is, takes the milk. 3. The milk Anneke drinks is cold. 4. The chair on which she sits is green. 5. The house I see has three storeys.

LESSON EIGHT
ACHTSTE LES

Spelling and Pronunciation Exercise

1	mazen	11	sluier
2	vijl (= veil)	12	milt
3	vreemd (= vreemt*)	13	geul
4	juichen	14	smelt
5	kneuzen	15	vierkant
6	plaggen	16	buil
7	rijzen (= reizen)	17	brallen
8	kluis	18	plegen
9	rauw (= rouw)	19	geur
10	keileem (= kijleem*)	20	meelspijs (= meelspeis*)

THE DIRECT OBJECT PRONOUNS

In the sentence 'He sees the book', 'the book' is the direct object. Instead of saying 'He sees the book' (*Hij ziet het boek*) one can say

'He sees it' (*Hij ziet het*), replacing the direct object noun 'book' (*boek*) by the direct object pronoun 'it' (*het*). This is possible in both Dutch and English.

The direct object pronoun can be either stressed (accented) or weak (unaccented); when weak, the accent falls on either subject or verb.

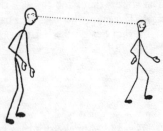

I . . . . see . . . . the man.

S   V   Dir. obj.

1   *Stressed*

Hij ziet mij	Hij ziet ons
Hij ziet jou	Hij ziet jullie
Hij ziet hem	Hij ziet hen (persons)
	Hij ziet U

2   *Weak*

accent on subject or verb

Hij ziet me	Hij ziet ons
Hij ziet je	Hij ziet jullie
Hij ziet ze	Hij ziet ze (persons and things)
Hij ziet het	Hij ziet U

THE INDIRECT OBJECT PRONOUNS

There are, both in Dutch and English, two different constructions, one with and one without a preposition before the indirect object:

He gives Peter the book = Hij geeft Piet het boek.
He gives the book to Peter = Hij geeft het boek aan Piet.

Het boek is the direct object, *Piet* the indirect object. Replacing *Piet* by a pronoun, we get:

Hij geeft het boek aan hem or *Hij geeft hem het boek.*

Replacing both direct and indirect object noun by a pronoun we get:

Hij geeft het hem or *Hij geeft het aan hem.*

Hij geeft het mij
Hij geeft het jou
Hij geeft het hem
Hij geeft het haar
*

Hij geeft het ons
Hij geeft het jullie
Hij geeft het hun (to persons)
Hij geeft het ze (to persons and things)

S   Dir.   Indir.
     obj.   obj.

I give the book to the child

* No indirect object pronoun for 3rd pers. sing. neuter.

N.B. 1   The direct object pronouns *het* and *hem* (when referring to a thing) may not be used after a preposition. Instead of *op het* we must say *erop*; *door het* is replaced by *erdoor*; etc.

Note: (a) *met het* becomes *ermee*; (b) *er + preposition* is split up by *niet*:

Hij houdt van pap = hij houdt ervan.
Hij speelt met het scheepje = hij speelt ermee.
Ik houd niet van pap = ik houd er niet van.

READING MATTER: AAN HET STRAND

We zijn nu in de maand augustus. De zee is kalm en de golven zijn niet heel groot. Het is hoog water. Het is warm op het strand. Vader ligt in een ligstoel te slapen. Anneke, die een schop en een emmertje heeft, zit op het warme zand. Moeder, die ook een ligstoel heeft speelt wat met haar.

'Kijk,' zegt Moeder, 'daar ligt je schop.' – 'Ja,' zegt Anneke, 'ik zie hem.' – 'En zie je het emmertje?' – 'Ja,' antwoordt Anneke, 'ik zie het.' – 'Welnu,' zegt Moeder, 'graaf dan zoet een kuil. Dan gaat Moeder ook wat slapen.' Anneke graaft nu een diepe kuil.

Zij geniet op haar manier. Ze houdt van kuilen graven. Ze houdt ook van zwemmen, en ze zwemt als een vis. Dat doet ze later, als het hele gezin met hoog water gaat zwemmen. Er zijn al veel mensen aan het baden. De kleurige badpakken en bikini's maken het strand heel vrolijk, en de vlaggen die op de hotels wapperen maken het een beetje feestelijk. We horen de muziek van een orkestje heel in de verte op de boulevard. Dààr zitten heel wat mensen naar het orkestje te luisteren.

Oral exercise

Answer the following questions based on Lesson 6.

1. Wanneer wordt de baron wakker? 2. Hoe is het weer? 3. Waar ligt de baron? 4. Waar ligt zijn mantel? 5. Waar liggen zijn pistolen? 6. Wat denkt de baron? 7. Waar hoort de baron het gehinnik van zijn paard? 8. Wat zegt de baron dan? 9. Waar ziet de baron het paard? 10. Waar zit de teugel van het paard? 11. Wat neemt de baron in zijn hand? 12. Wat doet hij ermee? 13. Wat raakt de baron? 14. Wat gebeurt er met het paard? 15. Wat doet de baron nu? 16. Ligt er veel sneeuw? 17. Wat is het ijzeren paaltje? 18. Hoe wordt het weer 's nachts? 19. Wat zegt U als de sneeuw smelt? 20. Gelooft U het verhaal?

Written exercise 1

Translate into Dutch:

1. He is breaking the spade. 2. Do you believe it? (formal) 3. He bathes in the sea. 4. Does he remain in the water? 5. He does the work. 6. She does not walk on the promenade. 7. Isn't she walking on the promenade? 8. Are you remaining here? (familiar) 9. I fetch a deck-chair. 10. Is he digging a pit?

Written exercise 2

Translate into Dutch:

1. You are dreaming (familiar). 2. He likes the beach. 3. He sits on the sand. 4. He glides from the roof. 5. They lay it on the wet sand. 6. Are you taking the pears? (formal) 7. Are you doing it? 8. They roll in the sand. 9. I stand beside the bright light. 10. Do you see a bright light?

Written exercise 3

Translate into Dutch:

1. There are twelve months in a year. 2. The first month of the year is January and the second is February. 3. He has two large pails. 4. Many people are walking on the beach. 5. Very many gulls are flying over the harbour. 6. A large white gull is sitting on a wooden post. 7. The sun shines on the warm yellow sand. 8. Are you working hard? (familiar)—No, there is no work. 9. Many green deck-chairs are standing on the long promenade. 10. Have you your bathing-suit? (familiar)

Written exercise 4

Give the present tense forms of the following verbs:

hebben   staan   doen   zijn   reizen

Written exercise 5

Answer in Dutch:

1. Wat is de eerste maand van de zomer? 2. Wie zit in de ligstoel? 3. Wat doen de mensen op het strand? 4. Hoe is de zee 's zomers? 5. Wat doet Anneke? 6. Waar is vader, en wat doet hij? 7. Zijn er vlaggen, en zo ja (= if so), waar? 8. Wat doet het orkest? 9. Houd jij van zwemmen? 10. Zwemt men met hoog water of met laag water?

Written exercise 6

Translate into Dutch:

1. He digs the pit. He digs it. 2. We see the people. We see them. 3. He gives the pail to Peter. He gives it to him. 4. We give the books to her. We give them to her. 5. Our deck-chairs are on the promenade. They are there. 6. How much do the apples cost? How much do they cost? 7. The book lies on the table; I see it and I look at it. 8. The newspaper lies on the chair; I see it, but I don't look at it. 9. You don't tell me what it is, but you tell (it) him! What is it? 10. The pail and the spade are beside Peter. He has them beside him (= zich).

Written exercise 7

Translate into Dutch:

In summer it is very pleasant on the beach. The sun makes the sand pleasantly warm; the children dig holes, many people swim and bathe, or listen to the band. The waves are small and roll gently on the beach, but in winter the sea becomes rough. Large waves beat on the coast, and the sea is grey. The sand lies deep under the snow and few people go on the beach. Even when it does not snow, the wind is cold. There are also no bands on the Promenade, and it is very quiet along the coast. In the autumn there are great storms and it is dangerous for the ships. The water along the coast is not very deep. The Dutch coast is very dangerous, but there are fine harbours. I like the summer, for then I swim; in winter I have too much work to do, and it is always dark.

Vocabulary

het bad	bath, bathe	de storm	storm
het badpak	bathing suit	het strand	(sandy) beach
een beetje	somewhat, a little	het tij	tide
		de verte	(far) distance
de bikini	bikini	de vlag	flag
de boulevard	promenade	het zand	sand
de emmer	pail, bucket	de zee	sea
het feest	feast	het zwempak	swimsuit
het gevaar	danger	januari	
de golf	wave	februari	
het hotel	hotel	maart	
de krant	newspaper	april	
de kuil	hole	mei	
de kust	coast	juni	
de ligstoel	deckchair	juli	
de maand	month	augustus	
de manier	way, manner	september	
de muziek	music	oktober	
het orkest	orchestra	november	
het pak	suit of clothes	december	
de schop	spade		

antwoorden	to answer	feestelijk	festive
baden	to bath(e)	gevaarlijk	dangerous
genieten	to enjoy (oneself)	hard	hard
		kalm	calm
graven	to dig	laag	low
houden van	to like	nat	wet
slaan	to beat	ruw	rough
spelen	to play	stil	quiet
wapperen	to fly (of flag)	vrolijk	gay
werken	to work	welnu	well now! well then!
zwemmen	to swim		
		zoet	well-behaved; sweet
daar	there		

N.B. 1   few = weinig
a few = enkele

N.B. 2   als = when
wanneer = when, whenever
toen = when (only with past tense)

LESSON NINE
NEGENDE LES

Spelling and pronunciation exercise

1	jolig	8	olijk	15	vreselijk
2	wijzigen	9	blijheid	16	gereed
3	dadelijk	10	ijselijk	17	ruzie
4	geniepig	11	ijzig	18	heimwee
5	gelijk	12	verdeeldheid	19	bereid
6	verslag	13	geluk	20	pleidooi
7	duidelijk	14	wijziging		

(A phonetic transcription of this exercise will be found in the Appendix 'The Sounds of Dutch' on p. 140.)

THE SEPARABLE VERBS

Separable verbs consist of an ordinary verb, preceded by a prefix that carries the accent and has an obvious meaning; thus: *aan*komen. In main clauses the prefix is separated from the finite part of the verb and goes to the end of the clause; prepositional adjuncts may follow it—but need not do so. (N.B. A prepositional adjunct is a group of words without a verb, introduced by a preposition.) In dependent clauses—in which the finite verb automatically goes to the end—the prefix is not separated from its root; it is not usual for the prepositional adjunct to follow the separable verb in the dependent clause. The main clause containing a separable verb should be completed before starting a dependent clause.

THE INSEPARABLE VERBS

These consist of an ordinary verb preceded by a prefix which is never separated from the root; the accent always falls on this root, e.g. her*ken*nen, to recognize. Inseparable prefixes are: be-, er-, ge-, her-, ont- and ver-. Unlike the prefixes of separable verbs, the prefixes of inseparable verbs are, generally speaking, not words in themselves but there are exceptions, so that it is wise to refer to Renier's *Dutch-English English-Dutch Dictionary* which gives accents.

Examples

aankomen (accent on aan-)
Ik kom aan. Kom ik aan? . . ., als ik aankom.
Ik kom in Utrecht aan. Ik kom om acht uur in Utrecht aan.
Hij steekt de lamp aan. Steekt hij de lamp aan?
Steekt hij de lamp nog niet aan?
Ik steek de lamp aan, als ik aankom.
Steekt hij de lamp aan, als hij daar aankomt?
Hij komt om zes uur aan. Hij komt aan om zes uur.

(English)

= to arrive.
= I arrive. Do I arrive? . . ., when I arrive.
= I arrive at Utrecht. I arrive at Utrecht at eight o'clock.
= He lights the lamp. Does he light the lamp?
= Does he not light the lamp yet?
= I light the lamp when I arrive.
= Does he light the lamp when he arrives there?
= He arrives at six o'clock.

Dutch children used to learn a little jingle about the old-fashioned lamplighter:

Wie ben ik? Ik kom aan, ik zet neer, ik klim op, ik doe open, ik licht op, ik steek aan, ik doe dicht, ik klim af, ik neem op, ik ga weg.

The verbs are: aankomen = to arrive; neerzetten = to put down; opklimmen = to climb up; opendoen = to open; oplichten = to lift up; aansteken = to light; dichtdoen = to shut; afklimmen = to climb off; opnemen = to pick up; weggaan = to go away.

De ladder = ladder; de lamp = lamp; het lampeglas = funnel (of the lamp); de lantaren = street lamp; de lantarenopsteker = lamplighter; de lantarenpaal = lamp post.

READING MATTER

Ik heet Cornelis, maar iedereen noemt me Kees. Mijn beste vriend heet Johan, maar men noemt hem altijd Jan. Jan komt straks met

de trein mee. Ik ga hem afhalen. De trein komt om vijf uur aan.
Ik ga op tijd van huis weg. Ik ga met de tram en neem een kaartje:
dat kost een gulden. Ik geef de conducteur drie kwartjes en drie
dubbeltjes, en hij geeft me vijf cent terug. Als ik op het station
aankom, is het kwart voor vijf. Ik loop door het station. Er staan
veel mensen voor de loketten te wachten om een treinkaartje te
kopen. Ik kijk eerst naar de nieuwe boeken en de buitenlandse
kranten en tijdschriften op de boekenstalletjes bij de perrons, want
ik heb tijd genoeg. Ik moet heel lang wachten op het perron. De
trein is niet op tijd; hij heeft vertraging en komt pas om kwart over
vijf binnen, een kwartier te laat. Ik help Jan met zijn bagage; zijn
fiets komt hopelijk met een latere trein: we halen hem morgen of
overmorgen wel. Omdat we nu geen van beiden een fiets bij ons
hebben wandelen we samen naar huis. Later gaan we natuurlijk
samen fietsen. Het wordt een mooie vakantie.

N.B. In a period of inflation (*met de inflatie*) prices keep rising
(*blijven de prijzen stijgen*).

LEARN THE FOLLOWING NUMBERS

10 : tien	15 : vijftien
11 : elf	16 : zestien
12 : twaalf	17 : zeventien
13 : dertien	18 : achttien
14 : veertien	19 : negentien

20 : twintig	50 : vijftig (pronounce: fijftig)
21 : een en twintig	60 : zestig (pronounce: sestig)
22 : twee en twintig	70 : zeventig (pronounce:
30 : dertig	seventig)
40 : veertig (pronounce: feertig)	80 : tachtig
	90 : negentig

100: honderd	250: twee honderd (en) vijftig
200: twee honderd	1000: duizend

TIME

Carefully study the Dutch way of telling the time:

Acht uur . .	. . Eight o'clock
Vijf over acht	. . Five past eight
Kwart over acht	. . Quarter past eight
Half negen	. . *Half past eight*
Kwart voor negen	. . Quarter to nine
Vijf voor negen	. . Five to nine
Negen uur . .	. . Nine o'clock

12.30 is half-way through the first hour of the day. Hence the Dutch say *half een*. *Half twee* therefore indicates that half the second hour has passed, or that it is one hour plus a half hour, i.e. half past one.

Twenty past eight . . . Twintig over acht = Tien voor half negen. (This alternative method applies to the ten minutes before the half hour).

Twenty to nine . . . Twintig voor negen = Tien over half negen. (This alternative method applies to the ten minutes after the half hour).

THE DUTCH COINAGE

de rijksdaalder = 250 cent (zilver)
de gulden = 100 cent (zilver)
het kwartje = 25 cent (zilver) } cupronikkel
het dubbeltje = 10 cent (zilver)
de stuiver = 5 cent (brons)
de cent (brons)

N.B. Two coins of 1 cent are 'twee centen'. The value of two of those coins together is 'twee cent'.

Oral exercise

Answer the following questions based on Lesson 8.

1. Waar zijn we? 2. In welke maand zijn we? 3. Wat is de eerste maand van het jaar? 4. En de tweede maand? 5. Hoe is de zee? 6. Hoe zijn de golven? 7. Hoe is het tij? 8. Hoe is het op het strand? 9. Waar is vader? 10. Wat doet hij? 11. Waar zit Anneke? 12. Wat heeft ze? 13. Heeft moeder een ligstoel?

14. Wat doet moeder? 15. Wat zegt moeder eerst? 16. Wat zegt Anneke dan? 17. Wat vraagt moeder dan? 18. En wat antwoordt Anneke? 19. Wat graaft Anneke nu? 20. Zijn er veel mensen aan het strand? 21. Wat doen die mensen? 22. Wat horen we heel in de verte? 23. Zijn er veel mensen op de boulevard? En wat doen die mensen?

Written exercise 1

Translate into Dutch:

1. Does the train arrive? Where does the train arrive? 2. Who opens the door? He opens the door. 3. He arrives at the station (2 translations). 4. We shut the doors of the house. 5. We open the door because they arrive.

Written exercise 2

Answer in Dutch:

1. Wie is Jan? 2. Hoe heet de vriend van Kees? 3. Hoe heet het broertje van Anneke? 4. Hoe heet het zusje van Piet? 5. Om hoe laat komt de trein aan? 6. Hoeveel te laat komt de trein aan? 7. Hoeveel vertraging is er? 8. Wie heeft er bagage: Kees of Jan? 9. Hoe noemt men Cornelis? 10. Hoe noemt men Johan?

Written exercise 3

Give the Dutch for the following times, in words:

2 o'clock	11.30	5.17
4.15	11.35	5.23
1.30	4.30	8.30
12.15	3.25	1.25
6.27	4.5	6.45
10.45	12.30	9.30
7.30	12.28	

Written exercise 4

Answer in Dutch:

1. Hoeveel kwartjes zijn er in een gulden? 2. Hoeveel dubbeltjes zijn er in 2 kwartjes? 3. Hoeveel kwartieren zijn er in een uur? 4. Hoeveel minuten zijn er in een half uur, en hoeveel in een kwartier? 5. Hoeveel minuten zijn er tussen half zeven en tien over zeven?

Written exercise 5

Translate into Dutch:

I am on a journey to my friend Kees. I travel by train, but there is some delay. The train arrives at a quarter past five. When I arrive, there are many people on the platform. There is a famous man on (= *in*) the train, and a number of people wait for him. Where is Kees? I see him, but he does not see me. I call 'Kees!' He finds me and helps me with my luggage.

It is going to be (= *Het wordt*) a fine holiday. We both have bicycles, and Kees has a small boat on the canal. It is his father's boat, but we always say that it is the boat of Kees. We don't sleep in the house, but in the cabin of the boat. It is warm enough in summer.

Kees is without his bicycle. It will come (= *Die komt*) tomorrow or the day after tomorrow. So (= *Dus*) we walk. Kees fetches his bicycle from (= *uit*) the bicycle garage near the station. And there we listen to the organ grinder with his barrel organ and his brass collecting box. Now we walk along the street, then along the town-canal and across the bridge to his home.

Vocabulary

het boeken-stalletje	bookstall	de fietsenstalling	bicycle garage
de centenbak	collecting box	het kaartje	ticket
de conducteur	conductor	het kwartier	quarter of an hour
het draaiorgel	barrel organ		
de fiets	bicycle	het loket	booking office

de minuut	minute	*Separable verbs*	
de orgelman	organ grinder	afhalen	to meet (person from train, etc.)
het perron	platform		
de tijd (op tijd)	the time (in time)		
het tijdschrift	periodical	afnemen	to take off
de tram (trɛm)	tram	binnenkomen	to come in
het uur	hour	doorstrepen	to cross out
de vakantie	holidays	teruggeven	to give back, return
de vertraging	delay		
de vriend	friend	best	best
		buitenlands	foreign
fietsen	to cycle	hopelijk	with any luck
halen	to fetch	koperen	(of) brass or copper
helpen	to help		
herkennen	to recognise	kwart over	a quarter past
heten	to be called	kwart voor	quarter to
kosten	to cost	laat	late
noemen	to call, name	morgen	tomorrow
roepen	to call	natuurlijk	natural(ly)
wandelen	to go (for a walk)	omdat	because
		overmorgen	the day after tomorrow
		pas	only
		samen	together
		straks	soon, shortly

LESSON TEN
TIENDE LES

DICTATION: DE DROOM VAN DE TIMMERMAN   IV

Stelt U eens in de plaats van onze timmerman in Amsterdam. Wat
zou *U* doen? Daar stond hij – een vreemdeling op een vreemde

brug. Hij drentelde wat op en neer, heen en weer, eerst aan de éne kant, toen aan de andere. Hij keek over de brugleuning naar het water en de bloemenschuiten, en stond versteld van het drukke verkeer van de hoofdstad.

Na enkele uren begon het hem te vervelen. Het was trouwens heel vermoeiend daar zo urenlang als een agent rond te hangen. (See note to dictation, Lesson Three.)

READING MATTER: NOG EEN AVONTUUR VAN BARON VAN MÜNCHHAUSEN

Op een keer is de baron in een groot bos in Duitsland aan het jagen. Het is in de kersentijd. De baron houdt van lekker eten, en hij heeft zijn zak vol kersen. Hij is erg tevreden, behalve met de jacht; daarmee gaat het niet goed. Hij ziet allerlei wild, maar de dieren zijn schuw en komen niet dicht genoeg bij hem. Hij schiet op herten en wilde zwijnen, op hazen en konijnen, maar die dag raakt hij niets. Hij verschiet al de kogels en al de hagel die hij bij zich heeft, maar raakt niets.

Opeens komt een prachtig mooi hert vlak voor hem tussen de bomen, het trotse gewei hoog in de lucht. 'Wat nu gedaan?' denkt de baron. 'Ik heb geen kogels meer!' Dan denkt hij aan de kersen. Vlug doet hij wat kruit in zijn geweer—in de tijd van de baron zijn de geweren nog ouderwets—doet wat kersen in zijn mond en doet de kersepitten in de loop van zijn geweer. Vlug legt hij aan en schiet. Hij raakt het hert middenin het voorhoofd. Het hert wankelt, maar valt niet en ontsnapt. De baron gaat treurig naar huis, en eet zijn laatste kersen op.

Enkele jaren later gaat de baron weer naar dat woud terug. Na enkele uren jagen ziet hij iets wonderlijks. Een groot hert staat in een kleine vallei, en tussen de takken van zijn gewei groeit een hoge kerseboom. De baron herkent dan ook het hert als het hert van de vorige keer. De kersepit is nu een boom, die vruchten draagt, en wortelt in de kop van het dier. Deze keer mist de baron niet, zoals op zijn vroeger bezoek; met één schot heeft hij nu zowel het vlees voor zijn tafel als de kersen voor de saus, waar hij zoveel van houdt.

Als we de baron geloven, is het werkelijk een heel zonderling avontuur.

THE DEMONSTRATIVE ADJECTIVES

deze man	this man	die man	that man
dit kind	this child	dat kind	that child
deze mannen	these men	die mannen	those men
deze kinderen	these children	die kinderen	those children

In the same way as 'it' and 'they', when used as a provisional subject (i.e. when the real subject has not yet been mentioned), must be translated by *het* (see p. 4), so 'this' and 'these', when used as a provisional subject, must be translated by *dit* and 'that' and 'those' by *dat*:

Het is een brood.   Het is een tafel.
Het zijn broden.   Het zijn tafels.
Dit (or: dat) is een sneltrein.
Dit (or: dat) zijn onze koeien.

Written exercise 1

Answer in Dutch:

1. In welk land is het bos waar de baron jaagt? 2. Waar houdt de baron van? (= Waarvan houdt de baron?) 3. Wat heeft hij in zijn zak? 4. Waarom raakt de baron niets? 5. Heeft de baron nog kogels als hij het hert ziet? 6. Wat doet hij in de loop van zijn geweer? 7. Wanneer ziet de baron het hert weer? 8. Wat heeft

het hert op zijn kop? 9. Heeft de baron de tweede keer meer geluk? 10. Hoe maakt de baron saus voor het hertevlees?

Written exercise 2

Translate into Dutch:

1. this house. 2. these houses. 3. that garden. 4. that land. 5. this table. 6. that knife. 7. this year. 8. this end. 9. this plate. 10. that loaf. 11. this storm. 12. that ship. 13. those tablecloths. 14. that newspaper. 15. this apple. 16. this wall. 17. those trains. 18. these ships. 19. that tree. 20. those trees.

Written exercise 3

Translate into Dutch:

1. The stag that stands in the forest has large antlers. 2. The tree that grows on the head of the stag bears cherries. 3. The tree on (= aan) which cherries grow is on the head of the stag. 4. The gun with which the baron shoots is old-fashioned. 5. The baron hunts in a forest in which there are many wild boars.

Written exercise 2

Translate into Dutch:

1. this house. 2. these houses. 3. that garden. 4. that land. 5. this table. 6. that knife. 7. this year. 8. this end. 9. this plate. 10. that loaf. 11. this storm. 12. that ship. 13. those tablecloths. 14. that newspaper. 15. this apple. 16. this wall. 17. those trains. 18. these ships. 19. that tree. 20. those trees.

Written exercise 5

Translate into Dutch:

1. his antlers. 2. her bicycle. 3. her mother. 4. our work. 5. your visit (sg. formal). 6. their friend. 7. their friends. 8. our holiday. 9. your newspaper (sg. fam.). 10. your rooms. (pl. fam.)

Written exercise 6

Give the opposites of:

1. wit. 2. warm. 3. vrolijk. 4. donkerbruin. 5. bovenaan.

Written exercise 7

Translate into Dutch:

Near the coast lies a village. The village is not very large. Part of the village lies round the market square. In the middle of this square stand a number of tall trees. A few people are sitting on the grass round the trees and they look at the church with the church-yard and the few houses with their gardens. There are no large houses in the village.

In each street there are trees, so that (= zodat) the village is very pretty. One street comes from the small harbour where there are boats. There are always people on the quay, who look at the boats. The second street goes to the other side of the village. At that side there is a very small station, where a tram arrives in the morning, in the afternoon and in the evening.

Vocabulary

het bezoek	visit	de kop	head (of an animal)
het bos	wood		
het dier	animal (living creature)	het kruit	gunpowder
		de laatste	last
het geweer	gun, rifle	de loop	barrel (of a gun)
het gewei	antlers		
de haas	hare	de mond	mouth
de hagel	shot (pellets)	de pit	pip, stone
het hert	stag, deer	de saus	sauce
de jacht	hunt	het schot	shot
de keer	time (occasion)	de vallei	valley
de kers	cherry	het vlees	meat (flesh)
de kerseboom	cherry-tree	het voorhoofd	forehead
de kersepit	cherry stone	het wild	game
de kogel	bullet	het woord	word
het konijn	rabbit	de zak	pocket

het (wilde)		tevreden met	satisfied with
zwijn	wild boar	treurig	sad
allerlei	all sorts of	trots	proud
behalve	except	vlug	quick
bij zich	on him	vol	full
dicht bij	close to	weer	again
geen. . .meer	no more. . .	werkelijk	real(ly)
nieuwerwets	new-fangled	wonderlijk	wonderful
prachtig	splendid	zowel. . .als. . .	both. . .and. . .
schuw	shy		

LESSON ELEVEN
ELFDE LES

Spelling and pronunciation exercise

1	robijn	6	razernij	11	proefkonijn
2	affuit	7	veenboer	12	meineed
3	kruiloon	8	puimsteen	13	beetkrijgen
4	scheurbuik	9	snijboon	14	keurteken
5	kluitveen	10	beenbreuk	15	speenkruid

DICTATION

(This dictation is to be understood and studied.)

De baron gaat enkele jaren later weer naar het woud terug. Hij is weer aan het jagen, maar deze keer is hij gelukkig. Hij schiet op allerlei dieren en raakt ze allemaal. Dan gaat hij naar huis, maar als hij bijna uit het bos is, ziet hij een prachtig mooi hert. Het is een zonderling iets dat hij ziet. Tussen de takken van het trotse gewei staat een grote kerseboom, volgeladen met vruchten. Het is het hert dat hij kent van vroeger. Het hert hoort hem niet en ruikt hem niet. Hij legt zo vlug mogelijk aan en schiet. In één schot is het dier op de grond. Met trots kijkt de baron naar het sterke dier dat nu op het gras ligt.

REFLEXIVE VERBS

These are verbs in which the subject is the object of its own action.

Infinitive: zich wassen = to wash (oneself).

N.B. A Dutch reflexive verb cannot always be translated by an English reflexive verb and vice versa.

Present tense forms	*Interrogative*
ik was me	was ik me?
jij wast je	was je je?
hij wast zich	wast hij zich?
zij wast zich	etc.
het wast zich	
wij wassen ons	
jullie wassen je	
zij wassen zich	
U wast U, U wast zich	

The 2nd pers. pl. fam. varies:

jullie wassen je, jullie wast je

Ik was me altijd voor het ontbijt. (I always wash before breakfast.)
Hij wast zich niet genoeg; hij ziet er vuil uit. (He does not wash enough, he looks dirty.)

cf. *zich wassen* and *wassen*:

Zij wast haar handen voor en na de maaltijd.
Was jij de vruchten even? Ik ga me wassen.

In this last example, note the use of the infinitive. The infinitive takes on the appropriate reflexive pronoun:

Ik ga me wassen	Wij gaan ons wassen
Jij gaat je wassen	Jullie gaan je wassen
Hij gaat zich wassen	Zij gaan zich wassen
Zij gaat zich wassen	
Het gaat zich wassen	U gaat zich wassen

Other reflexive verbs are:

zich vervelen = to be bored
zich amuseren = to amuse (enjoy) oneself
zich snijden = to cut oneself

Use of the reflexive verb in dependent clauses:

Hij spat vreselijk als hij zich wast. (He splashes terribly when he washes.)
Je moet niet spatten als je je hier wast. (You must not splash when you wash here.)

Note also:

Ik was me niet = I do not wash
Ik scheer me eerst = I shave first
. . . omdat ik me niet was = . . . because I do not wash
. . . omdat ik me eerst scheer = . . . because I shave first
zich niet wassen = not to wash
zich eerst scheren = to shave first

READING MATTER

's Morgens om half acht loopt de wekker af. De wekker maakt een vreselijk leven, en staat op de tafel aan het andere eind van de kamer. Ik sta dus op om de wekker af te zetten en ga in mijn pyjama naar de badkamer. Vader, die altijd vroeger opstaat, is daar nog; hij scheert zich met een veiligheidsscheermes. Zijn spuit-bus met scheerschuim staat op het plankje voor de spiegel. Het doosje met de nieuwe scheermesjes ligt ernaast. Ik wacht even. Hij ruimt op, en gaat daarna naar zijn kamer. Terwijl hij zich aankleedt begin ik mijn toilet. Ik doe gauw wat water in de wasbak, neem dan spons en zeep, en was me. Nu word ik pas echt wakker. Ik droog me met de handdoek.—Waar is het nagelborsteltje? Dat is weg! Piet verliest altijd alles! Nu zoek ik mijn tandenborstel en de tandpasta, even een kam door mijn haar en ik ga terug naar mijn kamer. Ik kleed me nu ook aan, en als ik klaar ben, ga ik naar beneden om te ontbijten.

Oral exercise

Follow the examples:

(a) oplichten → ik licht op.
1. opendoen. 2. aansteken. 3. weggaan. 4. oplichten. 5. afhalen.
6. binnenkomen. 7. neerzetten. 8. doorstrepen. 9. afnemen.

(b) hij komt aan → komt hij aan?
1. Hij doet open. 2. Hij licht op. 3. Hij steekt aan. 4. Hij gaat weg. 5. Hij haalt af. 6. Hij komt binnen. 7. Hij zet neer. 8. Hij streept door. 9. Hij neemt af.

(c) thuis aankomen → zij komt thuis aan
1. de deur opendoen. 2. de stoel oplichten. 3. de lamp aansteken. 4. van huis weggaan. 5. haar tante afhalen. 6. de kamer binnenkomen. 7. het tafeltje neerzetten. 8. het woord doorstrepen. 9. haar hoed afnemen.

(d) wij komen thuis aan → komen wij thuis aan?
1. Wij doen de deur open. 2. Wij lichten de stoel op. 3. Wij steken de lamp aan. 4. Wij gaan van huis weg. 5. Wij halen haar tante af. 6. Wij komen de kamer binnen. 7. Wij zetten het tafeltje neer. 8. Wij strepen het woord door. 9. Wij nemen haar hoed af.

(e) ik zie het – ik kom aan → ik zie het als ik aankom
1. ik zie het – ik ga weg. 2. ik zie het – ik doe het open. 3. ik zie het – ik licht het op. 4. ik zie het – ik steek 'm aan. 5. ik zie het – ik haal 'm af. 6. ik zie het – ik kom binnen. 7. ik zie het – ik zet 'm neer. 8. ik zie het – ik streep het door. 9. ik zie het – ik neem 'm af.

(f) ik kom om vijf uur aan → ik kom aan om vijf uur
1. Ik steek de lamp om zes uur aan. 2. Hij zet het doosje op tafel neer. 3. Hij doet de deur voor hem open. 4. Wij doen de deuren om twaalf uur dicht. 5. Wij gaan om zeven uur uit het hotel weg. 6. Hij haalt zijn vriend van de boot af.

Written exercise 1

Give the Dutch for the following times, in words

1.5	8.36	6.36
7.15	12.30	8.23
4.30	8.45	11.32
5.25	3.20	10.30
12.55	4.15	8.35

Written exercise 2

Complete the following equations; watch singular and plural.

(a) 2 kwartjes + 5 dubbeltjes = . . . gulden
(b) 2 kwartjes + 3 dubbeltjes + 3 stuivers = . . . cent.
(c) 7 dubbeltjes + 5 stuivers = . . . cent.
(d) 2 stuivers + 3 cent = . . . cent.
(e) 3 kwartjes = . . . stuivers
(f) 6 dubbeltjes + 3 stuivers = . . . kwartjes
(g) 3 kwartjes + 6 dubbeltjes + 4 stuivers = . . . gulden . . . cent
(h) 1 rijksdaalder = . . .kwartjes = . . .dubbeltjes = . . .cent.
(i) f1.45 = . . . kwartjes + . . . dubbeltjes + . . . stuivers.
(j) 90 c. = . . . kwartje + . . . dubbeltjes + . . . stuiver.

N.B. + . . plus. − . . . min. = . . . is.
f or fl = abbreviation of guilder(s).

Written exercise 3

Translate into Dutch:

1. The baron who is in the forest sees the rabbits and the hares. 2. The stag that sees the baron runs away. 3. The animal, which is very strong, falls to the ground with one shot. 4. The baron is a man who enjoys himself when he is hunting. 5. The cherry-tree, which is laden with cherries, stands between the branches of the antlers.

Written exercise 4

Translate into Dutch:

1. He is washing (himself). 2. He does not shave. 3. Is she not dressing? 4. They are bored. 5. Are you (people) shaving?

Written exercise 5

Translate into Dutch:

An old alarm-clock makes a terrible noise in the early morning. In the morning, the noise of an old alarm-clock is always terrible. At half-past six in the morning my window is open. Through the open window the fresh air comes in. The sun shines and the birds sing. They sing in the high trees that are near the house. The small birds make much noise, but I do not hear them before the alarm-clock goes off, because I am sleeping. But, as soon as the alarm-clock does go off (= goes off), I wake up. Then I go to the window and look outside. There are no people in the street and no cars. Now I hear the birds, but they are shy. When I come to (= bij) the window, they fly away. Do you get up early?

Vocabulary

de doos	box, carton	de wasbak	washbasin
het haar	hair	de wekker	alarm-clock
de hand	hand	de zeep	soap
de handdoek	hand towel		
het jaar	year	aflopen	to go off (of
de kam	comb		alarm-clock)
het leven	noise	afzetten	to turn off
de nagel	nail		(alarm-clock)
het nagel-		kennen	to be
borsteltje	nailbrush		acquainted
het plankje	shelf		with, know
de pyjama	pyjamas	maken	to make
het scheermes	razor	opruimen	to clear away
het scheermesje	razor-blade	opstaan	to get up
het scheer-		ruiken	to smell
schuim	shaving foam	spatten	to splash
de spiegel	mirror	verliezen	to lose
de spons	sponge	voelen	to feel
de spuitbus	foam spray	zich aankleden	to dress
de tak	branch		(oneself)
de tand	tooth		
de tanden-		zich amuseren	to amuse
borstel	toothbrush		oneself, enjoy
de tandpasta	toothpaste		oneself
het toilet	toilet (wash and	zich drogen	to dry oneself
	dress)	zich scheren	to shave
			(oneself)
de veiligheid	safety	zich snijden	to cut oneself

zich vervelen	to be bored	gauw	quick(ly)
zich wassen	to wash (oneself)	gelukkig	lucky
		om te	in order to
zingen	to sing	sterk	strong
		terug	back
daarna	after that	terwijl	whilst
dan	then	vol geladen	laden
dus	therefore		

LESSON TWELVE
TWAALFDE LES

Spelling and pronunciation exercise

1	stoven	5	beulen	8	builen
2	pruilen	6	bullen	9	tallen
3	krullen	7	tollen	10	tule
4	stuiven				

AUXILIARY VERBS OF MODALITY (I.E. AUXILIARY VERBS WITH A MEANING OF THEIR OWN)

kunnen = to be able (can)
(expresses *possibility, ability*)

ik kan
jij kunt, kan
hij kan
wij kunnen
jullie kunnen, kunt, kan
zij kunnen
U kunt, kan

mogen = to be allowed (may)
(expresses *permission*)

ik mag
jij mag
hij mag
wij mogen
jullie mogen, mag, moogt
zij mogen
U mag

moeten = to have to (must)
(expresses *necessity*)

ik moet

willen = to want, wish
(expresses *wish, desire*)

ik wil

jij moet	jij wil, wilt
hij moet	hij wil
wij moeten	wij willen
jullie moeten, moet	jullie willen
zij moeten	zij willen
U moet	U wil, wilt

N.B.1 Dutch *willen* does not indicate the future, as does the English 'will'

Ik kan vinden	I am able to find (I can find)
Ik mag kijken	I am allowed to look (= I may look)
Ik moet schrijven	I must write (I have to write)
Ik wil wandelen	I want to walk
Ik kan niet lopen	I cannot walk
Kan ik niet gaan?	Can't I go?

N.B. 2 The main verb goes to the end of the clause.

I cannot find the house	Ik kan het huis niet vinden
I cannot find it	Ik kan het niet vinden

In dependent clauses the main verb may go either immediately before or immediately after the finite verb.

Is dit het boek dat je niet vinden kunt?
Is dit het boek dat je niet kunt vinden?

N.B. 3 After *kunnen*, *mogen*, *moeten* and *willen*, the infinitive is not accompanied by *te*.

WEIGHTS AND MEASURES

1 meter = 10 decimeter = 100 centimeter (1 m = 10 dm = 100 cm).
1.000 meter = 1 kilometer
1 m^2 (vierkante meter) = 100 dm^2 = 10.000 cm^2
1 m^3 (kubieke meter) = 1.000 dm^3 = 1.000.000 cm^3
1 dm^3 = 1 liter (= 1.000 cm^3)

1 cm^3 of distilled water at maximum density weighs approx. 1 gram.
1.000 gr (= gram) = 1 kilogram
1 dm^3 = 1 liter = 1 kilogram

The following terms are colloquial:
1 kilo = 1 kilogram
1 pond = 500 gram
1 ons = 100 gram
1 el = 69 cm

For rough calculations with small quantities:
1 ft equals approx. 30 cm
1 lb equals approx. 453 gr
1 mile equals approx. 1½ km

In expressing quantities, 'of' is generally left out:
1 lb of cheese   = 1 pond kaas
10 yards of linen = 9 meter linnen

Note also: a box of = een doos; a couple of = een paar; full of = vol; a number of = een aantal.

READING MATTER

In de meeste steden, en vooral in de kleine steden op het platteland, is er nog steeds één- of tweemaal per week markt. Dan kun je de boeren en boerinnen zien die naar de stad komen om te winkelen en inkopen te doen. De buitenmensen gaan op de marktdag ook boodschappen doen in de kruidenierswinkels, de kledingzaken en de banketbakkers, en overal in de stad is het dan vol.

Die éne dag van de week – zo niet twee – staan er dan kramen op de markt, waar men van alles in de open lucht kan kopen. Veel marktlui trekken van de éne markt naar de andere. Ze moeten staangeld betalen, d.w.z. (= dat wil zeggen) huur voor de kramen die aan de gemeente behoren. De kramen bestaan uit een ruwe houten toonbank met een eenvoudig dak van zeildoek.

Je kunt op de markt b.v. (= bij voorbeeld) stoffen kopen, zoals katoen en wol, en ook kleren en linnengoed, en verder allerlei huishoudelijke artikelen. Ook de stadsmensen gaan naar de markt; die willen levensmiddelen kopen : vers en goedkoop. Op de markt kan men veel groente zien, en ook fruit, kaas, snoepgoed, bloemen, allerlei soorten noten, vis, zoals zoute haring, en verse en gerookte paling en garnalen. Ook kan men er snuisterijen en aardewerk en koperen voorwerpen vinden, en de ongelooflijkste artikelen liggen er soms ten toon. Soms zijn het koopjes . . . soms niet!

Oral exercise 1

Follow the example:

Ik kijk naar de krant. → Ik kijk nièt naar de krant.

1. Ik luister naar de muziek. 2. Ik wacht op de trein. 3. Het ligt in het water. 4. Wij lopen op de planken. 5. Hij speelt met het doosje. 6. Hij zit op de stoel. 7. Hij rolt in het zand. 8. Ik sta naast de tafel. 9. Ik werk met de schop. 10. U kijkt naar de vlag. 11. Ik houd van koffie. 12. Wij houden van thee. 13. U staat naast de bank. 14. Zij rollen op de grond.

Oral exercise 2

Take the sentences of the above exercise and follow the example.

Ik kijk naar de krant. → Ik kijk ernaar – ik kijk er niet naar.

Written exercise 1

Translate into Dutch:

1. He must wash and shave (himself). 2. He must be bored where he is. 3. Are we allowed to come? 4. You must come back. 5. Does he want to eat?

Written exercise 2

Translate into Dutch:

1. They do not enjoy themselves. 2. We cannot do it. 3. Are we not allowed to come? 4. Won't he say it? 5. You must tell us (i.e. it to us). 6. You are not allowed to look. 7. Can you smell it? (fam.) Can you feel it? (fam.) 8. They cannot amuse themselves. 9. He must shave first. 10. Can't you give it to us?

Written exercise 3

Translate into Dutch:

1. You must go home. 2. We are not allowed to go away. 3. Don't you want to walk? 4. Can he find them? 5. The boat can't sail. 6. The horse wants to drink. 7. You must give it to me. 8. Will you have it? (= Do you want to have it?) 9. You must write home. 10. Do you want to hear it?

Written exercise 4

Give the full present tense forms of each of the following verbs.

to stand	to remain
to come	to wash (oneself)
to be	to do
to see	to ride
to have	to buy

Written exercise 5

Answer the following questions referring to the illustration.

1. Wat ziet U op de achtergrond? 2. Wat ziet U rechts vooraan?
3. Waar is de jongen met de fiets? 4. Wat houdt de man voor de
linker kraam op zijn arm? 5. Hoeveel mensen staan er naar te
kijken? 6. Wat ziet U tussen de twee kramen? 7. Waar is de
kerktoren? 8. Wat ligt er op de toonbank van de linker kraam?
9. Wat staat er op de toonbank van de rechter kraam? 10. Waar
staat de boerin?

Written exercise 6

Give the plural forms of:

1. de kraam. 2. de bakker. 3. de winkel. 4. het voorwerp. 5. de
dag. 6. de markt. 7. de rol. 8. de stad. 9. de boer. 10. de fiets.
11. de stof. 12. de week. 13. de boerin. 14. de bank. 15. de smid.
16. de zaak. 17. het dak. 18. de kerktoren. 19. het café. 20. de
gevel.

Written exercise 7

Translate into Dutch:

1. I want to begin. 2. I do not want to begin. 3. Now he must
come. 4. They begin to come. 5. He wants to buy a box. 6. You
must take it out of the case. 7. He does not know what he wants.
8. She wants to buy some material. 9. Here is the material she
wants to buy. 10. What does she want to buy?

Written exercise 8

Translate into Dutch:

The merchant goes to the market. The big market is in the middle
of the town. We call it the Big Market, because there are other
markets in the town, such as the fish market and the cattle market.

Our merchant goes to his usual place. He comes in a small van.
There is a boy in the van who must help him with the packing cases
and boxes of merchandise.

In a few moments all the goods are under and behind the counter of the stall. Fortunately the weather is fine and the sun shines on the white roof. The boy goes to the merchant's shop and fetches some more goods. On the counter of the stall the merchant puts piles of goods. On the left he puts a few rolls of material; in the middle he unrolls a few rolls and on the right he has boxes with all sorts of goods, such as buttons and ribbons and elastic.

Written exercise 9

Translate into Dutch, continued:

Now the people begin to come.

First comes a woman who buys three yards of cotton (material), then a girl who buys a metre of elastic. A woman buys a box of buttons. The merchant is very busy and the boy has to help him. He must take the articles out of the boxes and cases that are under and behind the counter and give them to the man.

There are also people who do not know what they want to buy. They first look here, then they look there, but a merchant likes to see (= ziet graag) many people round his stall.

The entire market is now full of people, and the country folk enjoy their day in town.

Vocabulary

het aardewerk	earthenware	de confectiezaak	ready-made tailor's
het artikel	article		
de bakkerij	bakery	het elastiek	elastic
de banket-		de garnaal	shrimp
bakker	pastrycook	de gemeente	municipality
de beurs	purse; Exchange	de gevel	façade, outside wall
de bloem	flower	('ɣevəl)	
de boer	peasant, farmer	het goed	material
de boerin	country-woman, farmer's wife	het goud	gold
		de groente	vegetable(s)
de boodschap	errand	de Grote Markt	market square
de buiten-		de haring	the herring
mensen	country folk	de hoop	heap

het huishouden	household	de veemarkt	cattle market
de huur	hire, rent	de vis	fish
de inkopen	shopping	de vismarkt	fish market
de jaarbeurs	annual trade fair	het voorwerp	object
het katoen	cotton	de winkel	shop
de kist	packing case	de wol	wool
de klant	customer	het zeildoek	sailcloth
de kledingzaak	clothes shop	het zilver	silver
de kleren	clothes		
de knoop	button	bestaan uit	to consist of
de kraam	stall	betalen	to pay
de kruidenier	grocer	houden	to hold
de kruik	jug	inkopen doen	to go shopping
het laken	cloth; sheet	ontrollen (insep.)	to unroll
de levens-middelen	foodstuff	oprollen (sep.)	to roll up
het lint	ribbon	verkopen	to sell
de marktlui	market people	winkelen	to shop
het meisje	girl	zaken doen	to do business
de noot	nut		
het paar	the couple, pair		
een paar	a couple, a pair, a few	eenmaal	once
de paling	eel	eenvoudig	plain, simple
de plaats	place	gerookt	smoked
het platteland	country, countryside	gewoon	usual
de rol	roll	goedkoop	cheap
de schaal	dish	huishoudelijk	domestic
de snoepwinkel	sweetshop	meest	most
de snuisterij	trinket	ongelooflijk	incredible
het staangeld	market dues	stoffig	dusty
de stapel	pile	tweedehands	secondhand
de stof	stuff, material	tweemaal	twice
het stof	dust	vers	fresh
de toonbank	counter	zout	salt
de trapgevel	stepped gable	Het ligt ten toon	It lies on show
het vee	cattle	Het ziet er mooi uit	It looks fine

Ik heb het	I am (very)	Ik heb het graag	I like it
(heel) druk	busy	Ik zie graag. . .	I like to see
			. . .

Vocabulary for oral exercises of Lesson 13

het been	leg, bone	lastig	troublesome,
dom	stupid		difficult
doof	deaf	vervelend	boring
krom	crooked		

LESSON THIRTEEN
DERTIENDE LES

READING MATTER: DE LUCHTHAVEN   I

Jan houdt van schepen, van boten en jachtjes. Maar hij houdt niet alleen van het water, hij houdt ook van de lucht. Hij is gek op vliegtuigen. Hij spaart bijna al zijn zakgeld op voor zijn eerste luchtreis.

Hij gaat vaak naar de grote luchthaven om de straalvliegtuigen met hun kleurige livrei te zien opstijgen en landen. Vandaag gaat

hij met zijn ouders mee, want, na hun vakantie in het oude va-
derland, vliegen zijn oom en tante weer terug naar Canada waar
ze wonen. Tante is een zuster van moeder.

In de vertrekhal lopen zij naar de balie, waar een lid van het
grondpersoneel hun retourkaartje afstempelt. De man vertelt oom
en tante om hoe laat hun vlucht vertrekt. 'Over de luidspreker
hoort U wel van welke pier U moet instappen.'

Dan gaan ze naar een tweede balie om hun grote bagage af te
geven. Men weegt die en geeft oom een reçu en de instapkaarten
voor hem en tante. De grote bagage gaat al via de lopende band
naar de lorries die ze naar het vliegtuig brengen. Het meisje achter
de balie kijkt nog even of Oom Daan en Tante Jo niet teveel
handbagage bij zich hebben. Dan kunnen ze doorgaan naar de
paspoort-contrôle.

Daar mogen Jan en zijn ouders niet verder meegaan, en ze
nemen hartelijk afscheid met een zoen en een 'Tot volgende keer'
en een 'Goede reis!' Oom stopt zorgvuldig de paspoorten en de
kaartjes met de reçu's in zijn zak. Iedereen wuift. Oom en tante
verdwijnen in de douane hal achter de paspoort-contrôle. Hun
vakantie is nu vrijwel voorbij. Maar Jan . . . . . . (Zie 14de Les.)

Oral exercise 1

Add the link word *die* or *dat*.

Example: de man → de man die

1. de boot. 2. het karretje. 3. de melk. 4. de kamers. 5. de weg.
6. het fruit. 7. de bomen. 8. de karretjes. 9. het huis. 10. de
huizen

Oral exercise 2

Follow the example.

de boot ligt in de haven → de boot die in de haven ligt

1. De veerboot heeft twee schoorstenen. 2. De man heeft de
bagage. 3. De reiziger staat op het perron. 4. Het tafellaken ligt
op tafel. 5. Het tafellaken is helderwit. 6. De vruchten zijn heel
lekker. 7. De vruchten liggen op het bord. 8. De straten zijn lang

en nauw. 9. De straten kronkelen door de oude stad. 10. Het
water is vuil. 11. Het water is ondiep. 12. Het water is helder.
13. Het water is diep. 14. Het water is nièt vuil. 15. Het water is
nièt ondiep.

Oral exercise 3

Turn each pair of sentences into one.

De man is oud. Hij zit daar → De man die oud is zit daar.
1. De man is rijk. Hij heeft kromme benen. 2. De jongen is
klein. Hij zit daar. 3. De jongen is dom. Hij loopt daar. 4. De
jongen is dom. Hij ligt daar. 5. De jongen is dom. Hij heeft
lange benen. 6. Het boek is dun. Het ligt daar. 7. Het boek is
dik. Het staat daar. 8. Het boek is dik. Het valt weer. 9. Het
meisje is lief. Het loopt daar. 10. Het meisje is lief. Het zit daar.
11. Het meisje heeft rood haar. Het zit daar. 12. Het meisje is
lief. Het heeft grote ogen. 13. Het meisje heeft zwart haar. Het
is lief.

Oral exercise 4

Turn each pair of sentences into one.

Example: De kok staat op het achterschip. Hij gooit eten
overboord. → De kok die op het achterschip staat gooit eten
overboord.

1. De boot ligt in de haven. Hij heeft twee schoorstenen. 2. De
reiziger heeft de bagage. Hij staat op het perron. 3. Het
tafellaken ligt op tafel. Het is helderwit. 4. De bomen zijn heel
hoog. Ze staan achter het huis. 5. De vruchten zijn heel mooi.
Ze liggen in de schaal. 6. De straten zijn lang en nauw. Ze
kronkelen door de oude stad. 7. Het water is vuil. Het is ondiep.
8. Het water is helder. Het is diep. 9. Het water is nièt vuil. Het
is nièt ondiep. 10. Het water is nièt helder. Het is nièt diep.

Oral exercise 5

Turn each pair of sentences of the previous exercise into one as in
the following example.

De kok staat op het achterschip. Hij gooit eten overboord. → De kok die eten overboord gooit, staat op het achterschip.

Oral exercise 6

Alter the following sentences as in the example.

De krant ligt op de stoel. → De stoel waarop de krant ligt . . .
1. Het brood staat op de broodschaal. 2. Het brood staat op de broodplank. 3. Het boek ligt onder de tafel. 4. De melk is in het glas. 5. Ik spreek over de kamer. 6. U kijkt naar het boek.
7. Wij kijken naar de boeken. 8. De bedden staan in de kamer.

Oral exercise 7

Turn each pair of sentences into one sentence.

De krant ligt op de stoel. De stoel is groen. → De stoel waarop de krant ligt, is groen.

1. Het brood ligt op de broodschaal. De broodschaal is nieuw.
2. Het brood staat op de broodplank. De broodplank is van hout.
3. Het boek ligt op de stoel. De stoel is groen. 4. Het boek ligt onder de tafel. De tafel is heel oud. 5. De melk is in het glas. Het glas is heel dun. 6. Ik spreek over de kamer. De kamer is heel groot. 7. U kijkt naar het boek. Het boek is heel prettig. 8. Wij kijken naar de boeken. De boeken zijn vervelend. 9. De bedden staan in de kamer. De kamer is niet heel groot.

Written exercise 1

Give all the present tense forms of the following verbs.

1	gaan	6	aankomen	11	kunnen
2	zitten	7	leven	12	zijn
3	reizen	8	eten	13	mogen
4	doen	9	vertrekken	14	hebben
5	lopen	10	zich vervelen	15	moeten

Written exercise 2

Give two translations of each of the following sentences, by beginning the sentences in different ways:

1. He arrives home at half-past seven. 2. The tram first goes to the other station. 3. You can see many foreign newspapers on the bookstall. 4. There are many people at the booking office. 5. The foreign newspapers are too expensive here.

Written exercise 3

Translate into Dutch:

1. When I arrive at the market, there are many people. 2. As (= omdat) he has no bicycle, we must walk. 3. When he goes away, he always takes (= meenemen) a book. 4. The train with which John arrives is a quarter of an hour late. 5. The ticket with which you can travel on the train is called a railway (= trein) ticket.

Written exercise 4

Translate into Dutch:

1. This alarm-clock does not make much noise when it goes off. 2. In order to turn off the alarm-clock, I must get up. 3. When Peter washes, he splashes terribly. 4. As I wash, he dresses. 5. I can see in the mirror what he does. 6. The razor-blade father uses is extremely sharp. 7. He only wakes up when he puts (= steken) his head in (the) cold water. 8. He goes downstairs when he is ready. 9. Peter says that the nailbrush which I can't see lies on the shelf. 10. She says that my hands look dirty.

Vocabulary

het afscheid	parting, farewell	de instapkaart	boarding pass
de balie	reception desk	de livrei	livery
de contrôle	control	de lopende band	conveyor belt
het grond- personeel	ground staff	de luchthaven	airport
de douane hal	customs area	de luchtreis	journey by air

de luidspreker	loudspeaker	de zuster	sister
het paspoort	passport		
het reçu	receipt	afgeven	to surrender,
het retour-			hand in
kaartje	return ticket	afstempelen	to stamp
het straal-		landen	to land
vliegtuig	jet plane	(op) sparen	to save
de tante	aunt	opstijgen	to rise, take off
het vaderland	home country	verdwijnen	to vanish
de vertrekhal	departure	wegen	to weigh
	lounge	wuiven	to wave
het vliegtuig	plane		
de vlucht	flight	scherp	sharp
de zoen	kiss	vrijwel	practically

LESSON FOURTEEN
VEERTIENDE LES

DICTATION: DE DROOM VAN DE TIMMERMAN V

Onze timmerman besloot ergens in de buurt iets te eten. Dat deed hij en liep toen weer vlug naar de brug in de hoop het goede nieuws te horen dat zijn dromen hem beloofd hadden.

De eerste dag leverde niets op, hoegenaamd niets. Maar hij wilde waar voor zijn geld: hij zou volhouden tot het bittere einde. Want had hij niet een duur kaartje gekocht en had hij de hotel-kamer niet voor twee nachten besproken? Ja, hij zou volharden.

Ook de hele tweede dag bracht hij dus, maar alweer tevergeefs, op de brug door.

(See note to dictation Lesson Three.)

READING MATTER: DE LUCHTHAVEN II

Jan is nog steeds op de grote luchthaven. Oom en tante zijn nu in de grote belastingvrije winkel en kopen nog gauw wat sterke drank, rookartikelen en een flesje parfum voor hun dochter in Canada, het nichtje van Jan, die volgende week jarig is.

Jan luistert naar de luidsprekers die de vluchtnummers afroepen, de plaats van bestemming van de vliegtuigen en het nummer van de uitgang waardoor de passagiers moeten instappen. Een laatste oproep richt zich tot de passagiers die wat te lang in de belastingvrije winkels rondkijken.

Met zijn ouders gaat Jan nu naar het platte observatiedak. Vandaar kan hij het hele vliegveld overzien. Op het platform staan de vliegtuigen klaar. Lorries en kleine tractors met aanhangwagens brengen de bagage: die gaat in de bagageruimen. Ja! bij het grote viermotorige straalvliegtuig voor de vlucht naar Montreal ziet Jan de grote groene koffer van Oom en Tante!

De passagiers, onzichtbaar voor Jan en zijn ouders, gaan aan boord door een grote slurf. Die trekt men nu terug. Langzaam taxiet de machtige machine van het platform weg naar het begin van de startbaan. De motoren ronken al. Dan gaan de remmen los, en brullend schiet het vliegtuig vooruit, steeds sneller, tot het hard genoeg gaat om van de grond los te raken.

Nog een paar minuten kijkt Jan de steeds kleiner wordende zilveren vogel na, tot die nog maar een klein stipje in de lucht is. Dan tikt vader hem zachtjes op de schouder. Het is tijd om naar huis te gaan. Nog even kijkt Jan naar de wereld aan zijn voeten, en de hele rit naar huis blijft hij dromen van de verre, vreemde landen waar de vliegtuigen naar toe gaan. Over de hele wereld. Verre, exotische oorden, met palmbomen, kamelen, vreemde, lokkende muziek, zwarte en bruine mensen in kleurrijke gewaden, en wat al niet meer.

Oral exercise 1

Turn each pair of sentences into one sentence containing a dependent clause.

Zij wacht op de trein. De trein is heel vol → De trein waarop zij wacht is heel vol.

1. Jullie kijken uit het raam. Het raam is erg vuil. 2. Het brood valt op de vloer. De vloer is heel nat. 3. Wij luisteren naar de muziek. De muziek is heel modern. 4. Wij kijken naar de gracht.

De gracht is erg vuil. 5. Hij kijkt naar de fiets. De fiets is heel stoffig.

Oral exercise 2

Alter each of the following sentences as in the example.

Ik werk voor zijn vader.→Zijn vader, voor wie ik werk . . .

1. Ik kijk naar de man. 2. Hij wacht op zijn zuster. 3. Wij luisteren naar de professor. 4. Ik denk aan de conducteur. 5. U kijkt naar de reiziger. 6. Jullie reizen met haar oom. 7. Zij schrijft aan haar tante. 8. Het glas is van Piet. 9. De auto is van de koopman. 10. De jongen werkt voor de koopman.

Oral exercise 3

Turn each of the following pairs of sentences into one.

Ik kijk naar de man. Hij is rijk. → De man naar wie ik kijk, is rijk.

1. Ik werk voor zijn vader. Hij is lastig. 2. Hij wacht op zijn zuster. Zij gaat op reis. 3. Wij luisteren naar de professor. Hij spreekt heel duidelijk. 4. Ik denk aan mijn vriend. Hij is ziek. 5. U kijkt naar de jongen. Hij heeft kromme benen. 6. Jullie reizen met haar oom. Hij heeft een lange neus. 7. Zij schrijft aan haar tante. De tante heeft blauwe ogen. 8. Het glas is van Jan. Hij heeft dorst. 9. De auto is van de koopman. Hij heeft het druk. 10. De kok kookt voor de passagiers. Zij hebben geen honger.

Oral exercise 4

Change the following formal constructions into informal ones.

De man, naar wie ik kijk. . . . → De man, waarnaar ik kijk. . . .

1. Zijn vader, voor wie ik werk . . . 2. Zijn zuster, op wie hij wacht . . . 3. De professor, naar wie wij luisteren . . . 4. De vriend, aan wie wij denken . . . 5. Haar oom, met wie jullie reizen . . . 6. Haar tante, aan wie ze schrijft . . . 7. Piet, van wie het glas is . . . 8. De koopman, van wie de auto is. . .

Written exercise 1

Give the Dutch for the following times, in words:

1.5	12.45	7.30
3.15	7.48	9.45
3.20	6.30	4.32
4.28	7.45	3.36
11.35	1.40	8.30
6.25	4.18	11.50
12.30	2.48	

Written exercise 2

Translate into Dutch:

1. a large forest. 2. large forests. 3. nice food. 4. wild animals.
5. a beautiful stag. 6. beautiful stags. 7. the last cherry. 8. a tall
tree. 9. four shots. 10. the nice cherries. 11. the shy animals.
12. the large forest. 13. the new house. 14. a proud man. 15. the
strong head. 16. a strong head. 17. the strange adventures.
18. the small cherry-stone. 19. an old-fashioned gun. 20. the new
gun.

Written exercise 3

Translate into Dutch:

1. my house. 2. our house. 3. our chairs. 4. her bathing-suit.
5. their deckchairs. 6. his horse. 7. your boat. (fam. sg.) 8. your
boat. (fam. pl.) 9. your boat. (formal) 10. its spade.

Written exercise 4

Translate into Dutch:

1. this merchant. 2. that roll of material. 3. this toothbrush.
4. these packing-cases. 5. those razor-blades. 6. that barrow.
7. this smoked eel. 8. those hair ribbons. 9. this apple. 10. this
fruit. (= vruchten) 11. that forest. 12. that glass. 13. that plate.
14. that fork. 15. these plates. 16. these forks. 17. those spoons.
18. this gun. 19. that horse. 20. those streets.

Written exercise 5

Translate into Dutch:

1. The man of whom you are thinking can't do it (denken aan = to think of). 2. Is this the train for which we are waiting? (wachten op = to wait for). 3. The merchant to whom this stall belongs has a shop at the corner of our street (behoren aan = to belong to). 4. The stall on which the rolls of material lie stands near the town hall. 5. They are in front of the stall at the side of which the boy with the bicycle stands.

Written exercise 6

Translate into Dutch:

1. The boy lifts the packing-cases, but the man must help him. 2. The man helps him, for the boy is not strong enough. 3. The man must help him, because the boy is too small. 4. The boy is too small; therefore the man must help him. 5. The man who must help him is the merchant. 6. This case is very large, but it is not very heavy (= zwaar). 7. In summer, the beach is beautiful, but in winter it is cold, and one (= men) cannot swim. 8. Anneke enjoys herself, for she digs holes with her spade. 9. There is an orchestra on the promenade, for the visitors like music. 10. The people listen because they like music.

Written exercise 7

Tell in your own words, in Dutch, the story of the baron and his horse in the snow.

Written exercise 8

Tell in your own words, in Dutch, the story of the baron and the stag.

Vocabulary

de aanhang-wagen	trailer	de belasting	tax, duty
		de bestemming	destination

de dochter	daughter	het vrachtruim	baggage hold
de drank	drink, liquor	de wereld	world
het gewaad	robe, garb	de zoon	son
de koffer	bag, case, trunk		
de machine	machine	afroepen	to announce
de neef	cousin, nephew	brullen	to roar
de nicht	cousin, niece	jarig zijn	to have a
het observa-	observation		birthday
tiedak	deck	lokken	to tempt, charm
het oord	place	losraken	to get free
de oproep	call	overzien	to survey
de palmboom	palm-tree	rondkijken	to look round
het parfum	perfume	ronken	to purr, hum
het platform	apron (of	taxiën	to taxi
	airport)	terugtrekken	to withdraw
de rem	brake	tikken	to tap
de rit	drive	zich richten tot	to address
de schouder	shoulder		oneself to
de slurf	gangway		
	(telescopic)	belastingvrij	duty free
de startbaan	runway	exotisch	exotic
de sterke drank	spirits	hard	fast
het stipje	speck, spot	kleurrijk	colourful
de tractor	tractor	machtig	mighty
de uitgang	gate	onzichtbaar	invisible
het vlucht-		snel	quick, fast
nummer	flight number	viermotorig	four-engined
de voet	foot	vooruit	forward
de vogel	bird		

Vocabulary for oral exercises of Lesson 15

de lucifer	match	de zakdoek	handkerchief
het lucifers-	matchbox		
doosje			

LESSON FIFTEEN
VIJFTIENDE LES

READING MATTER: BARON VAN MÜNCHHAUSEN HEEFT EEN ANDER AVONTUUR

De baron is nu aan het vechten in een oorlog tegen de Turken. Hij is de aanvoerder van een kleine bende ruiters voor het stadje Ozakow. De vijand doet een uitval, maar de huzaren van de baron zijn zo dapper, dat zij de Turken weerstaan en ze op de vlucht jagen. De baron achtervolgt de vluchtende Turken, en zijn paard is zo vurig en snel, dat hij de voorste vervolger is. Met de laatste vluchtelingen dringt hij de stadspoort binnen, en hij rijdt door tot het marktplein. Hier kijkt hij rond, maar hij ziet geen enkele van zijn huzaren. Waar zijn die toch? De baron denkt dat het beter is even op ze te wachten. In het midden van het marktplein staat een

heldere fontein. 'Mijn paard heeft zeker wel dorst', denkt de baron. Hij rijdt dus naar de fontein toe, en het paard begint van het heldere bronwater te drinken. Maar niets schijnt de dorst van het paard te lessen. Het drinkt en drinkt, al maar door. Achter zich hoort de baron het water neerkletteren op de keien van het marktplein.

Wat is de uitleg? Als de laatste vluchtelingen de poort binnen zijn, laat men de valpoort neer, en die komt met een slag op het paard van de baron, en snijdt het in twee stukken. Het achterlijf van het paard blijft buiten de valpoort liggen, maar het moedige paard loopt door tot de fontein.

Dit is wat de baron ons vertelt . . .

En wat hij verder vertelt is een nog groter wonder. Hij leidt zijn paard bij de teugel terug naar de stadspoort. Daar vindt hij het achterlijf van het dier, en hij draagt dit terug naar zijn kamp, waar de paardedokter de twee delen met lauwertakken aan elkaar vastmaakt.

De operatie gelukt, de twijgjes groeien, en, enkele maanden later, is het paard weer gezond en wel, en rijdt de baron onder een dak van steeds groene lauweren.

Oral exercise 1

Answer the following questions based on Lesson 9.

1. Hoe heet ik? 2. Hoe noemt men mij? 3. Wie is Jan? 4. Hoe komt hij? 5. Wat ga ik doen? 6. Om hoe laat komt de trein aan? 7. Hoe laat is het een kwartier later? 8. En weer een kwartier later? 9. Ga ik te laat van huis weg? 10. Hoe ga ik naar het station? 11. Hoeveel betaal ik voor mijn kaartje? 12. Om hoe laat kom ik op het station aan? 13. Wat zie ik op de boekenstalletjes? 14. Om hoe laat komt de trein binnen? 15. Hoeveel te laat is hij?

Oral exercise 2

Follow the example.

Het brood staat op tafel. → Het staat op tafel.

1. De pijp ligt op de krant. 2. De sigaretten liggen op de grond. 3. Het bord ligt op tafel. 4. De sigaret ligt op de krant. 5. Het kopje koffie is warm. 6. De ligstoel is rood en groen. 7. Het emmertje is blauw en geel. 8. De badpakken zijn kleurig. 9. Het strand is vrolijk. 10. De pijpen liggen op de toonbank. 11. De sigaretten zitten in het pakje. 12. De lucifers zitten in het doosje. 13. De krant ligt op de stoel. 14. De zakdoek is in haar hand. 15. Het lucifersdoosje ligt onder zijn stoel.

Oral exercise 3

Alter the above sentences as in the above exercise, adding that you can see it or them.

Het brood staat op tafel. → Het staat op tafel; ik zie het.

Oral exercise 4

Answer the following questions based on Lesson 11.

1. Om hoe laat loopt de wekker af? 2. Waar staat de wekker?
3. Waarom sta ik op? 4. Hoe ga ik naar de badkamer? 5. Wie vind ik op de badkamer? 6. Wie staat vroeger op, vader of ik?
7. Wat doet vader op de badkamer? 8. Waar liggen zijn scheermesjes? 9. En waar staat zijn scheerschuim? 10. Wat doet vader dan? 11. Welke kamer ruimt hij op? 12. Wanneer begin ik mijn toilet? 13. Wat doe ik in de wasbak? 14. Waarmee was ik me? 15. Hoe droog ik me? 16. Waar is het nagelborsteltje? 17. Wat zoek ik nu? 18. Waar ga ik nu heen? 19. Wat doe ik op mijn kamer?
20. Wanneer ga ik naar beneden?

Written exercise 1

Answer in Dutch:

1. In welk land is de baron nu? 2. In welk land is de baron in het eerste verhaal? En waar in het tweede verhaal? 3. Wat doet de baron in Turkije? 4. Waar zijn de ruiters van de baron? 5. Wat zijn die ruiters? 6. Wat doet de vijand en wat doen de huzaren dan? 7. Hoe is het paard van de baron? 8. Uit welk verhaal kennen wij dit paard? 9. Hoe komt de baron op het marktplein?
10. Waarom zijn de huzaren niet op het marktplein? Wat doet men met de valpoort? Wanneer laat men die neer? 11. Waar gaat het paard drinken? 12. Wat hoort de baron? 13. Hoe komt dat?
14. Wat doet de baron dan? 15. Wat vindt hij buiten die valpoort? 16. Waar gaat hij dan naartoe? 17. Wat doet de paardedokter? 18. Gelukt de operatie? 19. Wat groeit er op de rug van het paard? 20. Gelooft U dit verhaal?

Written exercise 2

Translate into Dutch:

1. this war. 2. that war. 3. those hussars. 4. these wells. 5. that operation. 6. that laurel bush. 7. those sallies. 8. this pump. 9. that piece. 10. those pieces.

Written exercise 3

Translate into Dutch:

1. the famous baron. 2. the great war. 3. a great war. 4. the brave captain. 5. the small band. 6. the small town. 7. the brave hussars. 8. a brave hussar. 9. the fiery horse. 10. a fast horse. 11. a clear fountain. 12. a healthy horse.

Vocabulary

de aanvoerder	leader (captain)	de stadspoort	town gate
het achterlijf	hindquarters	het stuk	piece
de bende	band	de twijg	twig
de bron	spring	de uitleg	explanation
het bronwater	spring-water	de uitval	sally
de dokter	doctor	de valpoort	portcullis
de dorst	thirst	de veearts	veterinary
de fontein	fountain		surgeon
de huzaar	hussar	de vervolger	pursuer
het kamp	camp	de vluchteling	fugitive, refugee
de kei	cobble	de voorste	foremost
de laatste	last		
de lauweren	laurels	aanvoeren	to lead
de lauwertak	sprig of laurel	achtervolgen	
de oorlog	war	(insep.)	to pursue
de operatie	operation	binnendringen	to push, shove
de paarde-			in
dokter	horse-doctor	dringen	to crowd
de pomp	pump	lessen	to quench
de ruiter	horseman	neerkletteren	to clatter
de slag	blow		(down)

neerlaten	to let down	al maar door	on and on
op de vlucht		dapper	brave
jagen	to put to flight	gezond	healthy
snijden	to cut	moedig	courageous,
vastmaken	to fix		brave
vluchten	to flee, fly	vurig	fiery
weerstaan	to resist		
(insep.)			

LESSON SIXTEEN
ZESTIENDE LES

DICTATION: DE DROOM VAN DE TIMMERMAN   VI

Op en neer liep hij, heen en weer op de brug. Hij begon sommige
mensen al te herkennen: agenten, schoolkinderen, jongens en
meisjes op fietsen. Hij herkende ook al zekere bestelwagens, o.a.
een blauwe met krassen op het spatbord. Gedurende de spitsuren
was het op de brug zo druk met voetgangers, fietsen, auto's, trams,
bussen en vrachtwagens, dat hij zich wat moest terugtrekken, maar
hij bleef toch van een kleine afstand een oogje in 't zeil houden.
(o.a. = onder andere)
(See note to dictation, Lesson Three).

In order to be able to speak Dutch politely, the following points
must be carefully studied. They matter a great deal and help to
make a favourable impression on Dutch people.

NAMES DESCRIPTIVE OF PEOPLE

de man   = the man
de heer   = the gentleman, the man
de vrouw   = the woman
de dame   = the lady, the woman

de juffrouw = the unmarried woman (pronounced 'jœfrɔu).
de jongeman, de jongelui = the young man, the young men
het jongmeisje, de jonge meisjes = the young woman, the young
women

We already know: de jongen, het meisje, het kind, de baby.

ORDINARY TITLES OF ADDRESS

1. *Used alone*, by way of exclamation, or at the end of a sentence

Meneer or (the older form)
mijnheer (always pronounced mə'ner) = Sir
Mevrouw = Madam
Juffrouw (pronounced jə'frɔu) = Miss

N.B. The English 'Sir' and 'Madam' are much more formal than
the Dutch 'Meneer' and 'Mevrouw.'
 'Mevrouw' is also used as a term of address to an unmarried
woman of a certain age and/or in a position of authority.

2. *Used with the name*

Meneer Jansen	= Mr. Jansen
Mevrouw Jansen	= Mrs. Jansen
Juffrouw Jansen (pronounced: 'jœfrə' jansə)	= Miss Jansen

Make a careful study of the following conversational expressions:

Dag, meneer! (daɣmə'ner) ('meneer' is often written 'mijnheer')
Dag, mevrouw! (daɣmə'vrɔu)
Dag, juffrouw! (daɣjə'frɔu)

These exclamations are used both on meeting and on parting. The
first one is used in addressing a man; the second one in addressing
a married woman or older unmarried woman; the third one in
addressing an unmarried woman.

The greetings: Goeden morgen (ɣujə'mɔrɣə), good morning
                Goeden middag 'ɣujə' mɪdax), good afternoon
                Goeden avond (ɣujə 'navənt), good evening
are decidedly more familiar.

To add the person's name makes the greeting more cordial. though formal:

Dag, meneer Jansen!
Goeden morgen, meneer Pietersen!

The familiar 'goodbye' can be rendered by 'Tot ziens'. Note the following:

Hoe gaat het met U? (hu'ɣatətmɛty) = How are you?
Goed, dank U, en met U? (ɣu'daŋy, ɛmɛ'ty) = Very well, thanks, and you?

Or, a little more formal:

Hoe maakt U het?—Goed, dank U, en U?

In giving something, one says:
(1) in formal speech: Alstublieft.
    slightly less formal: Astublieft.
(2) In familiar speech: Asjeblieft (afə'blift), sometimes: Alsjeblieft.

The answer to this is:

Dank U (formal), Dank U wel (friendly), Dank je (familiar).

In accepting something offered one says:

Alstublieft, *or*: Graag, *or*: Ja, graag, *or*: Heel graag, *or*: Met genoegen.

In refusing something:

Dank U, *or* Nee, dank U.

If pressed, and one still wishes to refuse:

Nee, heus niet, *or*: Nee, werkelijk niet.

To ask for information:

Kunt U me zeggen—	Can you tell me—
hoe laat het is?	the time?
waar hij woont?	where he lives?
of dat waar is?	whether that's true?
waar het station is?	where the station is?

To offer a cup of tea, etc.:

Mag ik U een kopje thee aanbieden? = May I offer you a cup of tea?
or: Wilt U een kopje thee? = Would you like a cup of tea?
or: Hebt U zin in een kopje thee? . . . koffie? = Do you feel like a cup of tea? . . . coffee?
Wilt U nòg een kopje thee? = Would you like another cup of tea?

Written exercise 1

Draw up a complete list of the words connected with trade, commerce and transport that are used in the previous lessons; e.g. de koopman, de lading, kopen, etc., in Lesson Three. Write fifteen sentences, each containing at least one word from your list.

Written exercise 2

Give the full present tense forms of the Dutch verbs corresponding to the following English verbs:

1	to do	6	to be bored
2	to stand	7	to arrive
3	to be	8	to have
4	to eat	9	to dress (oneself)
5	to go	10	to write

Written exercise 3

Which Dutch coins are made of bronze? Which of silver (= cupronickel)?

Written exercise 4

Complete the following equations. Note again that when in English one says: five guilders, the Dutch say: vijf gulden, unless they refer to five actual coins, in which case it is: vijf guldens.

(a) 12 dubbeltjes + 3 kwartjes + zes stuivers = . . . centen = . . . gulden . . . cent.

(b) 2 gulden 50 = 7 kwartjes + . . . dubbeltjes + . . . stuivers.

(c) 3 dubbeltjes + 5 cent = . . . stuivers.

(d) 3 kwartjes = 6. . . + 3 . . . + 15 . . .

(e) 3 kwartjes + 4 dubbeltjes + 3 stuivers = . . . cent.

(f) 1 gulden 30 = . . . dubbeltjes = . . . stuivers = . . . kwartjes
+ . . . dubbeltjes.

(g) 1 rijksdaalder = . . . guldens + . . . kwartje + . . . dubbeltje
+ . . . centen.

(h) 34 cent = 2 dubbeltjes + . . . stuivers + . . . centen.

(i) 1 rijksdaalder—1 g. 87 = . . .

(j) f 7.35—f 3.48 = . . . guldens + . . . kwartjes + . . . centen.

LESSON SEVENTEEN
ZEVENTIENDE LES

DICTATION

Ze komen in een groot kantoorvertrek. In het midden staat een dubbele, vier-persoons lessenaar met aan weerszijden twee hoge krukken. In een hoek bij een raam een tafeltje en daarop het oudste soort schrijfmachine, dat hij zich kan herinneren, de toetsen in een boog.

En ook een copiëer-pers! Akelig om aan te zien; in een tijd van stalen meubelen en adresseermachines word je d'r koud van. Tegen een der wanden een zestal glimmende mahoniehouten stoelen met rood pluche zitting en een ronde rug. Dit is de afdeling wachtkamer en men verzoekt hem te gaan zitten.

Er moeten vroeger op dit notariskantoor toch minstens vier klerken zijn geweest, berekent hij; de eindeloze stukken werden drie of viermaal met de penhouder overgeschreven. En toen kwam de schrijfmachine met zijn vier of vijf doorslagen. Weg klerken.

Translate the above passage with the help of the following vocabulary.

de adresseer-		het stuk	document
machine	addressograph	de toets	key
de boog	arc, curve	het vertrek	room
de doorslag	carbon copy		
het kantoor	office	berekenen	to reckon
de klerk	clerk	verzoeken	to request
de kruk	stool	aan weers-	
de lessenaar	desk	zijden	on both sides
het mahonie-		akelig	awful
hout	mahogany	een zestal	five or six, half
de notaris	notary (public)		a dozen
de pluche	plush	eindeloos	endless
de rug	back	minstens	at least
de schrijf-		overgescheven	copied
machine	typewriter	stalen	(made of) steel
het staal	steel	weg	away, gone

The grammar given in this lesson covers the Lessons Seventeen to Twenty-one (inclusive). It must be fully understood, but the learning of it can be spread over a few lessons.

PAST TENSE FORMS

Weak verbs are those verbs which form their past tense by adding either -te or -de (-ten or -den in the plural) to the root. Remember: weak, because the root cannot stand alone.

Examples

wandelen = to walk
ik wandelde
jij wandelde
hij wandelde
wij wandelden
jullie wandelden
zij wandelden
U wandelde

rukken = to wrench
ik ⎫
jij ⎬ rukte
hij ⎭
wij ⎫
jullie⎬ rukten
zij ⎭
U rukte

leven = to live

ik ⎫
jij ⎬ leefde
hij ⎭

wij ⎫
jullie ⎬ leefden
zij ⎭

U leefde

schudden = to shake

ik ⎫
jij ⎬ schudde
hij ⎭

wij ⎫
jullie ⎬ schudden
zij ⎭

U schudde

peinzen = to ponder

ik ⎫
jij ⎬ peinsde
hij ⎭

wij ⎫
jullie ⎬ peinsden
zij ⎭

U peinsde

praten = to talk

ik ⎫
jij ⎬ praatte
hij ⎭

wij ⎫
jullie ⎬ praatten
zij ⎭

U praatte

reizen = to travel

ik ⎫
jij ⎬ reisde
hij ⎭

wij ⎫
jullie ⎬ reisden
zij ⎭

U reisde

I walked
I wrenched
I lived
I talked
I shook
I travelled
I pondered

1 The additional syllable is -te or -de for the singular, -ten or -den for the plural.

2 For the form of the root: write it as pronounced, or as written in the first person singular of the present tense.

e.g. praten; pronounce root: praat (not prat), same form for the first person sing. pres.
leven; pronounce root: leef, etc.
reizen; pronounce root: reis, etc.

3 -te(n) is added when the final sound of the root as in the infinitive is voiceless.
-de(n) is added when the final sound of the root as in the infinitive is voiced.

N.B. There is a simple way of knowing whether to add -te(n) or

-de(n): if the root, as written in the infinitive, ends in t-k-f-s-ch-p ('t kofschip), (voiceless), -te(n) is added; after all other consonants and all vowels (voiced), -de(n) is added.

Strong verbs are those which change the root vowel in their past tense forms; they do not add an extra syllable to the root in the singular, but add -en in the plural past tense forms.

Examples

lopen = to walk, run	*rijden* = to ride

ik liep	ik	
jij liep	jij } reed	
hij liep	hij	
wij liepen	wij	
jullie liepen	jullie } reden	
zij liepen	zij	
U liep	U reed	

A complete list of strong and irregular Dutch verbs, with past tenses and past participles, will be found at the beginning of Renier's *Dutch-English and English-Dutch Dictionary*, published by Routledge & Kegan Paul.

TRANSLATION OF THE DUTCH PAST TENSE FORMS

Just as we translate both present tense forms 'I travel' and 'I am travelling' by the one form *ik reis*, so we translate both past tense forms *I travelled* and *I was travelling* by *ik reisde*. There are the Dutch forms, 'ik ben aan het reizen', and 'ik was aan het reizen', but they stress the continuous aspect of the action even more than the English continuous forms.

Learn the following irregular past tense forms:

zijn	*hebben*	*worden* = to become
ik	ik	ik
jij } was	jij } had	jij } werd
hij	hij	hij
wij	wij	wij
jullie } waren	jullie } hadden	jullie } werden
zij	zij	zij
U was	U had	U werd

Oral exercise

Follow the examples:

(a) zich wassen – ik was me → jij wast je – U wast zich

1. zich drogen – ik droog me. 2. zich scheren – ik scheer me.
3. zich snijden – ik snijd me 4. zich aankleden – ik kleed me aan.
5. zich vervelen – ik verveel me. 6. zich uitkleden – ik kleed me
uit.

(b) zich wassen → wij wassen ons – jullie wassen je

1. zich drogen. 2. zich scheren. 3. zich snijden. 4. zich aankleden.
5. zich vervelen. 6. zich uitkleden.

(c) Ik was me. → Was ik me?

1. Wij wassen ons. 2. Hij droogt zich. 3. U scheert zich. 4. Zij
snijdt zich. 5. Hij kleedt zich aan. 6. Zij kleedt zich uit. 7. Jij
droogt je. 8. Jij scheert je. 9. Jij snijdt je. 10. Jij verveelt je.

(d) Ik scheer me. → . . . omdat ik me scheer.

1. Wij wassen ons. 2. Hij droogt zich. 3. U droogt zich. 4. Jij
droogt je. 5. Jij scheert je. 6. U snijdt zich. 7. Hij kleedt zich
aan. 8. Wij kleden ons aan. 9. Zij kleedt zich uit. 10. Wij kleden
ons uit.

(e) Ik scheer me niet. → . . . omdat ik me niet scheer.

1. Ik scheer me eerst. 2. Wij wassen ons telkens. 3. U droogt
zich met deze handdoek. 4. Jij droogt je met die handdoek.
5. Hij droogt zich met z'n zakdoek. 6. Je scheert je niet. 7. U
snijdt zich altijd. 8. Wij vervelen ons hier altijd. 9. Hij kleedt
zich om zes uur aan. 10. Wij kleden ons goed op tijd aan. 11. Zij
kleedt zich altijd dadelijk uit. 12. Wij kleden ons hier nooit uit.

(f) zich wassen – ik → Ik ga me wassen.

1. zich aankleden – ik. 2. zich uitkleden – ik. 3. zich snijden – U.
4. zich amuseren – wij. 5. zich aankleden – wij. 6. zich aankleden
– zij (*sing*). 8. zich aankleden – zij (*plur*).

LESSON EIGHTEEN
ACHTTIENDE LES

READING MATTER: HET LEVEN VAN DE FLES
NAAR EEN VERHAAL VAN HANS ANDERSEN
I. DE GLASFABRIEK

Een fles is een gewoon, dagelijks voorwerp. Maar de fles van ons verhaal had zijn eigen gevoelens. Het was een wijnfles. Met trots keek hij naar andere pro-dukten van de glasfabriek, zoals jampotjes en mos-terdflesjes, en hij was blij dat hij niet zo was. Want wijn is toch heel wat anders dan jam.

De fles dacht aan veel dingen: aan de rumoerige fabriek, waar alles toch zo rustig en ordelijk gebeurde, aan het zand, van diep uit de grond, aan de soda en de kalk, die in de ovens gingen om hem te vormen; aan de vlammen, aan de heen en weer lopende arbei-ders, aan het smelten, het persen; dacht ook aan de heerlijke reis door de koeloven.

Als een feniks kwam de fles uit het vuur; hoe nieuw waren nu de oude stoffen van de aarde. Veel flessen braken in de koeloven, maar onze fles kwam er uit zonder een enkele fout.

Over een lange band ging

de fles naar het magazijn van de fabriek; de band liep langs de
hoge glasramen, en de fles keek naar het hoge dak en de stalen
balken van het gebouw. Op zijn reis zag hij de glasblazerij: hij was
blij dat hij geen drinkglas was: zo een glas breekt zo makkelijk. In
het magazijn stonden duizenden en duizenden flessen; de werklui
van de fabriek deden wat stro om de flessen en pakten ze in kisten,
gereed om weg te gaan.

De fles wachtte.

Notes on the strong verbs used in this lesson:

1 Most verbs with -ij- in the root are strong; in the past tense they
change this -ij- sound to -ee- (in the singular) and -e- (in the plural):

kijken = to look (pres. t.) ik kijk (past. t.) ik keek
glijden = to glide   ik glijd   ik gleed

Past tense forms of *rijden* = to ride:
ik reed
jij reed
hij reed
wij reden
jullie reden
zij reden
U reed

2 Irregular strong verbs are:

denken = to think (pres. t.) ik denk (past t.) ik dacht
gaan   ik ga   ik ging
staan   ik sta   ik stond

3 Note the following irregular strong verb:

doen (pres. t.) ik doe (past t.) ik deed
                              jij deed
                              hij deed
                              wij deden
                              jullie deden
                              zij deden
                              U deed

The -d- at the end of the root is rarely pronounced in the singular; in the plural the pronunciation can follow the spelling or the second -d- can be pronounced as a -j-.

4 A number of strong verbs that form their past tense in -a- have vowel 7 of Lesson One (*a*) in the singular, and vowel 6 of Lesson One (a) in the plural.

Thus:

komen   (pres. t.) ik kom (past t.) ik kwam
                                      jij kwam
                                      hij kwam
                                      wij kwamen
                                      jullie kwamen
                                      zij kwamen
                                      U kwam

N.B. Remember that the present tense forms of 'komen' are irregular in a similar way.

breken	ik breek	ik brak, wij braken
spreken	ik spreek	ik sprak, wij spraken
zien	ik zie	ik zag, wij zagen

5 The irregular auxiliary:

kunnen ik kan, etc.   ik kon
                        jij kon
                        hij kon
                        wij konden
                        jullie konden
                        zij konden
                        U kon

Oral exercise 1

Follow the examples.

(a) vinden → Ik kan het niet vinden.

1. zien. 2. horen. 3. ruiken. 4. vinden. 5. voelen. 6. eten.
7. drinken.

(b) vinden → Ik wil het vinden.

1 – 7 as in a)

(c) Ik kan het vinden. → Kan ik het vinden?

1. Ik kan het horen. 2. Ik kan het ruiken. 3. Ik kan het voelen.
4. Ik kan het eten. 5. Ik kan het drinken.

(d) Ik kan het niet vinden. → Kan ik het niet vinden?

1. Ik kan het niet *horen*. 2. *ruiken*. 3. *voelen*. 4. *eten*. 5. *drinken*.
6. Ik wil het niet *vinden*. 7. *horen*. 8. *ruiken*. 9. *voelen*. 10. *eten*.
11. *drinken*.

Oral exercise 2

Turn the following sentences into questions.

1. Hij kan het vandaag niet *vinden*. 2. *horen*. 3. *voelen*. 4. *eten*.
5. *drinken*.

Oral exercise 3

Follow the example:

Ik kan het niet vinden. → . . . omdat ik het niet vinden kan.

1. Ik kan het niet *horen*. 2. *ruiken*. 3. *voelen*. 4. *eten*. 5. *drinken*.
6. Hij wil het niet *vinden*. 7. *horen*. 8. *ruiken*. 9. *voelen*.
10. *eten*. 11. *drinken*.

Oral exercise 4

Follow the example.

. . .omdat ik het niet vinden kan. → . . . omdat ik het niet kan vinden.

1. omdat ik het niet *horen kan*. 2. *ruiken kan*. 3. *voelen kan*.
4. *eten kan*. 5. *drinken kan*. 6. omdat ik het niet *vinden wil*.
7. *horen wil*. 8. *ruiken wil*. 9. *voelen wil*. 10. *eten wil*. 11. *drinken wil*.

Spelling and pronunciation exercise

1	kluif	11	voorouders
2	greep	12	grenenhout
3	kirren	13	vreugde
4	kruin	14	klei (klij*)
5	keren	15	lieren
6	grein (grijn)	16	leren
7	kopstuk	17	griend
8	Spanjaard	18	toekomstig
9	grijns	19	druppeltje
10	kornuiten	20	zenuwen

Written exercise 1

Answer in Dutch:

1. Waar maakt men flessen? 2. Wat maakt men in een glasfabriek? 3. Wat is een wijnfles? 4. Waarom was onze wijnfles zo trots? 5. Wat is een mosterdpotje? 7. Wat is een drinkglas? 8. Is het stil in de fabriek? 9. Waarom is het toch rustig in de fabriek? 10. Wat doet men in de ovens? 11. Waarom was de koeloven heerlijk? 12. Wat is een koeloven, en wat gebeurt daar? 13. Hoe ging de fles naar het magazijn? 14. Wat kon de fles boven zich zien? 15. Was de fles alleen in het magazijn? 16. Hoe kwamen de andere flessen in dat magazijn? 17. Hoe heten de mensen die in een fabriek werken? 18. Wat doen de mannen van het magazijn met de flessen? 19. Is een kist van ijzer? 20. Wat voor vogel is een feniks?

Written exercise 2

Describe the factory in Dutch

Vocabulary

de aarde	earth	de feniks	phoenix
de arbeider	workman, worker	de fles	bottle
		de fout	fault, flaw, mistake
de balk	beam, girder		
de fabriek	factory, works	het gevoel	feeling

de gevoelens	feelings	de werkman	workman
de glasblazerij	glass (blowing)	(de werklui)	(workmen)
	works	pakken	to pack
de kalk	lime	persen	to press
de koeloven	cooling chamber	smelten	to melt, smelt
het leven	life	vormen	to form, shape
het magazijn	store rooms		
de mosterd	mustard	blij	glad
de oven	oven	dagelijks	daily
het produkt	product	heen en weer	to and fro
de soda	soda	heerlijk	lovely
het stro	straw	makkelijk	easy (easily)
het verhaal	story	ordelijk	orderly
de vlam	flame	rumoerig	noisy
het vuur	fire	rustig	quiet, peaceful

LESSON NINETEEN
NEGENTIENDE LES

READING MATTER: II DE WIJNHANDEL

Op een dag kwam een werkman opeens het magazijn binnen; hij zette de kist, waar onze wijnfles in zat, samen met andere kisten op een wagen. Waar ging dat naar toe?

Er was geen deksel op de kist, en de fles kon zien waar de wagen heenging. Na een lange rit door de drukke straten stopten paard en wagen voor een wijnhandel in een drukke winkelstraat. De voerman lichtte de kist op en zette die op de stoep voor de winkel.

In de kelder, waar de wijn was, was het donker, maar o! zo romantisch. Bij het licht van enkele kleine gasvlammetjes zag onze fles grote rekken met volle flessen staan, en langs één van de witgekalte muren stond een rij vaten. Er hing een zware geur van wijn, en overal waren kleine bordjes met vreemde buitenlandse namen, en met getallen en datums. Dat was het echte leven. De geur alleen maakte onze fles al een beetje dronken. Eerst kreeg hij een bad: hij werd met lauw water gespoeld en in een droogrek gelegd. Toen kwam de wijnkoopman binnen; hij keek naar een vat dat gereed stond, nam de lege flessen en begon ze te vullen aan de kraan, die onder aan het vat zat. Na een poosje kwam onze fles aan de beurt. Toen al de flessen vol waren, haalde hij de kurken en hamerde ze op hun plaats. Toen nam hij een staafje zegellak en

verzegelde alle flessen; met zijn grote gouden zegelring stempelde hij er de letters van zijn naam op. Daarna nam hij een mooi etiket, plakte dat op de fles, legde hem in een rek naast andere flessen, en ging weer naar boven.

O, wat duurde het lang, voor de wijn oud en goed genoeg was. Eerst was de fles kwaad toen het stof uit de lucht op hem neerviel; maar later hoorde hij van

zijn buren dat dit een eer was: net als een jongensbaard die begint te groeien.

Toen werd de fles ongeduldig. Hij wachtte.

Notes on the strong verbs used in this lesson:

1 *krijgen* cf. Note 1 of Lesson Eighteen.

2 *nemen* (past t.) ik nam, wij namen; cf. Note 4 of Lesson Eighteen.

3 Regular strong verbs:

hangen   (pres t.) ik hang   (past t.) ik hing

| *beginnen* | (pres. t.) ik begin | (past t.) ik begon |
| *vinden* | ik vind | ik vond |

DEGREES OF COMPARISON OF ADJECTIVES AND ADVERBS

big (positive)—bigger (comparative)—biggest (superlative)
General rule: For the comparative add *-er* to the positive; for the superlative add *-st*: e.g. jong—jonger—jongst.

N.B.1 As the pronunciation of the root remains unchanged, spelling rules for open and closed syllables have to be applied.

N.B.2 If the positive ends in -r, add *-der* for the comparative; if it ends in -s, add -t for the superlative: e.g. duur, duurder, duurst; fris, frisser, frist.

N.B.3 Adjectives ending in a long vowel followed by f or s change f to v and s to z in the comparative: lief (dear, sweet), liever; boos (cross), bozer; wijs (wise), wijzer. But: los (loose), losser; muf (musty), muffer. Exception: grof (coarse), grover. (See also **Declension of adjectives** in Lesson 5).

N.B. 4 Irregular: goed, beter, best; kwaad (bad), erger, ergst; veel, meer, meest; weinig, minder, minst; graag, liever, liefst.

Spelling and pronunciation exercise

1	treurig	11	maaiveld
2	voorlopig	12	bruisen
3	luik	13	leidekker
4	gretig	14	kostelijk
5	strak	15	leiendak
6	leizeel (= lijzeel*)	16	mogelijk
7	koukleum	17	leuk
8	vergroeien	18	brullen
9	gelukkig	19	korstig
10	brokstuk	20	lijfspreuk

Written exercise 1

Indicate which rule of those given in Lesson Seventeen accounts for the past tense form of each of the weak verbs that occur in the story of the present lesson.

Written exercise 2

Answer in Dutch:

1. Ging de fles dadelijk uit het magazijn? 2. Was de fles nog op de band? 3. Waar was de fles dan? 4. Hoe was de kist waar de fles in was? 5. Ging de kist in een auto? 6. Hoe en waar gingen paard en wagen? 7. Hoeveel kisten waren er op de wagen? 8. Waar stopte de wagen? 9. Waar was de wijnhandel? 10. Waar is de stoep van een huis of winkel? 11. Waar zijn kelders? 12. Wat was er in de kelder onder de wijnhandel? 13. Waarom vond de fles het prettig in die kelder? 14. Wat voor licht was er in die kelder? 15. Wat kon men er ruiken? 16. Wat kon men er zien? 17. Wat stond er op de bordjes? 18. Waar stonden de vaten? 19. Wat was de kleur van de muren? 20. Wanneer is men dronken? (use the expression: te veel) 21. Is het prettig (of mooi?) dronken te zijn? 22. Hoe maakte men de flessen schoon? 23. Wat deed men met de kurken? 24. Wat is een droogrek? 25. Waarom doet men de flessen in een droogrek? 26. Hoe verzegelde de koopman de flessen? 27. Wat deed hij met het etiket? 28. Wat stond er op het etiket? 29. Was er ook stof in de kelder, en vond de fles dat prettig? 30. Waarom was de fles ongeduldig?

Written exercise 3

Read the story in Lesson eighteen twice to yourself, then shut the book and write down in Dutch as much as you can remember.

Vocabulary

de baard	beard	de buren, de	
de beurt	turn	buurlui	neighbours
(aan de beurt	(to have one's	de buurman	neighbour (m.)
komen)	turn)	de buurvrouw	neighbour (f.)
het bordje	notice		

de datum	date	dronken	drunk
het deksel	lid	een poosje	a little while
de eer	honour	kwaad	angry
het etiket	label	lauw	tepid
het getal	figure (number)	net als	just like
de geur	odour	ongeduldig	impatient
de kraan	tap	witgekalkt	whitewashed
de kurk	cork	zwaar	heavy
het rek	rack		
de rij	row (= series)	duren	to last
het staafje	stick (small bar)	hameren	to hammer
de stoep	strip of	krijgen	to receive, get
	pavement in	plakken	to stick
	front of house	spoelen	to rinse
het vat	barrel	stempelen	to press seal on
de voerman	carter		wax
de wagen	cart	stoppen	to stop
de zegellak	sealing wax	verzegelen	to seal, stamp
de zegelring	signet ring	vullen	to fill

N.B. 1 The word *heen* indicates direction toward: Hij gaat naar de winkel heen = He goes to(ward) the shop.

N.B. 2 -isch is pronounced -ies.

LESSON TWENTY
TWINTIGSTE LES

READING MATTER: III DE PICKNICK

De grote dag kwam. De wijnhandelaar nam de fles mee naar boven, en verkocht hem aan een kleine jongen, die het geld op de toonbank legde. Er ging een stukje papier om, en heel voorzichtig droeg de jongen de fles naar huis.

De jongen had namelijk een oudere zuster, een knap meisje met bruine ogen; zij had altijd een glimlach, maar een bijzondere glimlach voor een jonge zeeman, die op de zeevaartschool was. De

vorige week, toen hij tweede stuurman werd, vroeg hij het meisje
om met hem te trouwen, en op de dag, toen de fles uit de kelder
kwam, vierden ze de verloving.

Er was een picknick. Het meisje pakte van alles in een grote
mand: ham, kaas, worst, de beste boter, en lekker vers brood en
koekjes. De fles ging ook in de mand, en natuurlijk ook bordjes
en glazen, en messen en vorken, en zelfs servetjes, want het meisje
wou een goede indruk maken.

Niet zo heel ver van waar zij woonden was een bos; daar gingen
zij heen, met een open rijtuig: vader, moeder, de twee jongelui en
een paar jonge vrienden. Ze kozen een mooie open plek, en gingen
daar op het gras zitten. De vader nam de fles, brak het zegel, trok
de kurk uit de fles met de kurketrekker die aan zijn zakmes zat, en
schonk de glazen vol. Dit was een groot ogenblik in het leven van
de fles: allen hielden een glas omhoog, terwijl de vader het jonge
paar gelukwenste met hun verloving. Wat een gelukkige gezichten!
Het was mooi de wijn in de glazen te zien, fonkelend in het zonlicht
dat door de bladeren viel.

'Wel, jouw werk is klaar', zei de tweede stuurman tegen de lege
fles, en hij wierp hem over zijn schouder. Diep treurig, opeens,
vloog de fles door de lucht, en kwam, wonder boven wonder,
terecht in een heel klein beekje dat door het bos stroomde.

Zachtjes dobberde de fles op de kabbelende golfjes—en wachtte.

Notes on the strong verbs used in this lesson:

1 *kiezen* = to choose. (pres. t.) ik kies, wij kiezen. (past t.) ik koos, wij kozen.

The rules applying to spelling and pronunciation of singular and plural present tense forms also apply to the past tense forms.

2 (Infin.)	(pres. t.)	(past t.)
vliegen	ik vlieg	ik vloog
dragen	ik draag	ik droeg
vragen	ik vraag	ik vroeg
werpen	ik werp	ik wierp
vallen	ik val	ik viel
trekken	ik trek	ik trok
schenken	ik schenk	ik schonk

3 (Infin.) *zitten* (pres. t.) ik zit (past t.) ik zat, we zaten; cf. Lesson Eighteen, Note 4, and Lesson Nineteen, Note 2.

4 Irregular strong verbs:

verkopen (pres. t.) ik verkoop (past t.) ik verkocht
houden ik houd ik hield

Note also the following irregular verbs:

willen (pres. t.) ik wil, (past t.) ik wilde, ik wou; the plural forms of the past tense are usually 'wilden', but often 'wouden' (pronounced wɔuə).
zeggen (pres. t.) ik zeg, (past t.) ik zei, we zeiden (plural pronounced zɛijə).

Spelling and pronunciation exercise

1	vrijblijvend	11	kosthuis
2	voordelig	12	deernis
3	bruikbaar	13	afschrik
4	gastvrij	14	toezwaaien
5	borstplaat	15	murmelen
6	grauw (= grouw*)	16	verguld
7	splijten	17	muilband
8	kouwelijk	18	zeepsop
9	keurig	19	scheikunde
10	broeikas	20	toernooi

Written exercise 1

Indicate which rule of those given in Lesson Seventeen accounts for the past tense form of each of the weak verbs that occur in the story of the present lesson.

Written exercise 2

Answer in Dutch:

1. Waarom was het 'een grote dag'? 2. Ging de vader van het meisje zelf naar de wijnhandel? 3. Wie was de kleine jongen? 4. Glimlachte het jongetje? 5. Wat was de verloofde van het meisje? 6. Hoelang was hij dat al? 7. Was hij een oude man? 8. Hoe zag het meisje er uit? 9. Wie nam de fles uit de kelder? 10. Wie deed de fles in de mand? 11. Welke mand was dat? 12. Waar drinkt men wijn uit? 13. Wat ging er dus ook in de mand? 14. Wat was er nog verder in de mand? 15. Wat is een picknick? 16. Pakte het meisje de mand goed in? 17. Gingen ze allemaal met de auto naar de picknick? 18. Wie ging er zo al mee? 19. Waar hadden ze de picknick? 20. Zaten ze op stoelen? 21. Wie schonk de wijn in? 22. Hoe opende de vader de fles? 23. Wat deed men toen de vader de jongelui gelukwenste? 24. Was het mooi weer? (Hoe weet U dat?) 25. Wat gebeurde er toen met de fles? 26. Waar viel de fles? 27. Brak hij? 28. Beschrijf het beekje. 29. Was de fles nog vol? 30. Hoe gingen de mensen weer naar huis?

Written exercise 3

Give a complete description in Dutch of the picture at the head of this lesson, using words and expressions such as: links, rechts, van achter, in het midden, vooraan, achteraan.

Written exercise 4

Read the story in Lesson Nineteen twice to yourself, then write down in Dutch as much as you can remember.

Written exercise 5

Write a conversation, complete with greetings, of a visit to a wine-shop to buy a bottle of wine costing twelve guilders. You know the shopkeeper, so you need not be too formal. Pay special attention to Lessons Eleven and Sixteen.

Vocabulary

het beekje	brook	de zeevaart-	school of
het blad	leaf	school	navigation
de bladeren	leaves		
het geld	money	dobberen	to roll, toss (on
het gezicht	face		waves)
de glimlach	smile	fonkelen	to sparkle
de ham	ham	gelukwensen	to congratulate
de handelaar	merchant	kabbelen	to ripple
het koekje	biscuit	kiezen	to choose
de kurketrekker	corkscrew	stromen	to run, flow
de mand	basket	terechtkomen	to land
het papier	paper	trouwen (met)	to marry
de plek	spot	vieren	to celebrate
het rijtuig	carriage	werpen	to throw
het servet	napkin,		
	serviette	bijzonder	special
de stuurman	mate (ship's	knap	good-looking
	officer)	leeg	empty
de verloving	engagement (=	namelijk	namely
	betrothal)	omhoog	up
de week	week	(de) vorige	
het zakmes	penknife	week	last week
de zeeman	sailor		

N.B. 1 *zo al*: adverbial expression of modality. *Wie ging er mee?* = Who went? *Wie ging er zo al mee?* = Who did go?

N.B. 2 schenken = to pour
       inschenken = to pour out

LESSON TWENTY-ONE
EEN-EN-TWINTIGSTE LES

READING MATTER: IV   DE ZEEREIS

Een heel eind weg zaten twee kleine jongens aan de oever van de smalle beek. Ze waren aan het vissen. Toen ze de fles zagen, visten ze die uit het water en namen hem mee naar huis.

Hun moeder had juist een fles nodig, want de oudste broer van de jongens ging naar zee en hij moest een fles medicijn mee hebben: brandewijn met kruiden, tegen de buikpijn. Het toeval wilde natuurlijk dat deze jonge zeeman op hetzelfde schip ging als onze tweede stuurman.

De volgende zaterdag vertrok het schip. U moet niet vergeten, dat dit vele jaren geleden was: het schip was natuurlijk een groot zeilschip, en o! wat was het mooi als het met volle zeilen door het water sneed. Alles zat goed in de verf, en het koperwerk schitterde en blonk, dat het de ogen pijn deed.

Iedereen nam afscheid, er was een lach en een traan, en zachtjes verdween het schip aan de horizon. De reis begon voorspoedig. De wind kwam uit de goede hoek, en na enkele maanden was het schip duizenden mijlen van huis weg.

En de fles? Wel, die kon

niet veel zien, want hij stond in het donkere logies. De brandewijn met kruiden was zo lekker, dat die gauw op was, buikpijn of geen buikpijn; en omdat een fles altijd nuttig is, gooide niemand hem weg.

Maar op een dag stak er een vreselijke storm op, fel en onverwacht; het was een ware orkaan. De zeilen scheurden, de masten braken, het roer sloeg los, en de roeiboten braken in kleine stukjes. Grote golven sloegen over het dek, en de ruimen raakten zachtjes vol water. Het einde was nabij.

Heel treurig zag de tweede stuurman toevallig de lege fles, schreef een kort briefje aan zijn verloofde, een afscheidsgroet, en gooide de fles overboord. Weinige ogenblikken later kapseisde het schip en zonk met man en muis.

Weer dobberde de fles op het water, maar nu op de schuimende golven. Heen en weer dreef hij, met weer en wind, met stroom en getij. Vurig hoopte de fles dat iemand hem zou* vinden.

Hij wachtte.

*(= would).

Notes on the strong verbs used in this lesson:

1 *snijden*
  verdwijnen   cf. Lesson Eighteen, Note 1.
  schrijven
  drijven

2 *opsteken* (pres. t.) ik steek op (past t.) ik stak op cf. Lesson Eighteen, Note 4.

3 *vertrekken* (pres. t.) ik vertrek (past t.) ik vertrok
  blinken   ik blink   ik blonk
  zinken   ik zink   ik zonk

4 Irregular strong verb:
  slaan (pres. t.) ik sla (past t.) ik sloeg

5 Irregular auxiliary verb:
  moeten (pres. t.) ik moet (past t.) ik moest
Note that the -s- only occurs in the past tense forms.

Spelling and pronunciation exercise

1	belofte	11	aaien
2	lawaai	12	hoorbuis
3	zeegier	13	zijdeur
4	ouwelijk	14	toestond
5	stoppelig	15	knoeien
6	gordijn	16	toestand
7	stakker	17	azuur
8	zeewier	18	geeuwen
9	gareel	19	kuchen
10	kieuwdeksel	20	hooibroei

Written exercise 1

Indicate which rule of those given in Lesson Seventeen accounts for the past tense form of the weak verbs that occur in the story of this lesson.

Written exercise 2

Answer in Dutch:

1. Wie was er aan het vissen? 2. Waar waren ze aan het vissen? 3. Waar was die beek? 4. Hoe kwam die fles in het water? 5. Was het een volle fles? 6. Een van de jongens had een broer; wat was hij? 7. Wat had zijn moeder nodig, en waarom? 8. Op welke dag van de week vertrok het schip? 9. Wat voor schip was het? 10. Hoe zag het schip er uit? 11. Wie poetst het koper? 12. Wat is het logies? 13. Hoe was het afscheid? Waarom lachte men, en waarom huilde men? (Use the word 'gevaarlijk'.) 14. Wat gebeurde er met de fles aan boord? Wanneer vond de stuurman de fles en wat deed hij ermee? 15. Wat gebeurde er toen met de fles?

Written exercise 3

Beschrijf de reis van het schip van het vertrek tot de schipbreuk.

Vocabulary

de brandewijn	brandy	blinken	gleam, shine
de brief	letter	drijven	float
de buikpijn	stomach-ache	goed in de verf	to be well
het dek	deck	zitten	painted
het getij	tide	kapseizen	to capsize
de getijden	tides	lachen	to laugh
de groet	greeting,	met man en	to go down with
	farewell	muis vergaan	all hands
de hoek	corner	nodig hebben	to need
de horizon	horizon	opsteken	to rise (of
het koperwerk	brasswork		storm)
het kruid	herb	poetsen	to polish
de lach	laugh(ter)	raken	to get (become)
het logies	foc's'le	scheuren	to tear
de mast	mast	schitteren	to sparkle, shine
de medicijn	medicine	schrijven	to write
de mijl	mile	vissen	to fish
de oever	bank	weggooien	to throw away
de orkaan	hurricane		
de pijn	pain	dezelfde	same
de roeiboot	rowing boat	fel	violent
het roer	rudder	geleden	past
de stroom	current	hetzelfde	same
het toeval	chance	los	loose
de traan	tear (drop)	nabij	near
de verloofde	fiancé(e)	nuttig	useful
het zeil	sail	onverwacht	unexpected
		toevallig	by chance
afscheid nemen	to take leave	voorspoedig	prosperous

LESSON TWENTY-TWO
TWEE-EN-TWINTIGSTE LES

READING MATTER: V DE VOGELKOOI

En jawel, op een dag wierp de zee hem op een vreemde kust. Het was een mooi, zacht strand, en de fles brak niet. Weldra kwam er een man voorbij; hij vond de fles, zag dat er een briefje in was en nam hem mee naar huis. Hij opende de fles, maar, helaas, hij kende de taal van de brief niet. Hij liet de brief aan veel mensen zien, maar het hielp niet.

Toen had de fles een treurig leven. Jarenlang stond hij op de schoorsteenmantel van het kantoor van de vinder; toen gooide men het briefje weg. Jarenlang stond hij weer in een rommelkast, daarna in een kelder. En het duurde twintig jaar voor de fles weer uit dat huis kwam, twintig lange jaren.

Nu gebeurde er opeens heel wat met de fles. Tenslotte kwam hij op het kantoor van een graankoopman. Deze vulde de fles met koren, en zond hem, als monster zonder waarde, naar een vreemd land, en toen de fles in dat 'vreemde' land aankwam, was het zijn eigen land, en hoorde hij zijn eigen taal weer spreken.

Weer gebeurde er heel wat, en de jaren gingen voorbij. Onze fles was sterk, en hij kon wel tegen een stootje. Op een dag, toen er een groot openluchtfeest was, haalde men hem weer van de zolder waar hij stond, stak er een kaars in, en zette hem naast andere flessen in een lange rij. Er kwamen veel mensen voorbij, ook een oude juffrouw, en ze keek naar hem. Zij herkenden elkaar niet, dat gaat zo in het leven; zij was het meisje van de picknick en hij de wijnfles. Maar ze was nog steeds ongetrouwd, en leefde met haar gedachten in het verleden.

Toen kwam er een tuinman; die maakte hem schoon. Net als vroeger ging er weer wijn in, maar nu gaf de Directie van het feest hem aan de piloot van een luchtballon. Hij ging mee de lucht in; de piloot en de passagiers dronken elk een groot glas, en met een hoeraatje wierpen ze de fles uit het schuitje. Hij viel neer op het dak van een huisje in een arme buurt. De scherven rolden over de straatstenen. Maar de hals van de fles brak mooi rond af, en onze oude juffrouw, die daar woonde, raapte hem op, en zette hem, ondersteboven, met een kurk erin, in haar vogelkooi, als drinkbakje voor haar kanarie.

Ze wist niet, dat het de hals van *die* fles was.

EINDE

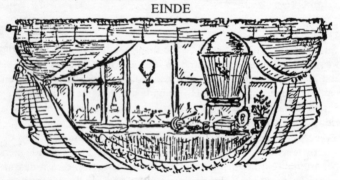

Notes on the strong verbs used in this lesson:

1 Regular strong verbs:

(Infin.)	(Pres. t.)	(past t.)
laten	ik laat	ik liet
helpen	ik help	ik hielp
vallen	ik val	ik viel
vinden	ik vind	ik vond
drinken	ik drink	ik dronk
zenden	ik zend	ik zond

2 *steken*
  geven   cf. Lesson Eighteen, Note 4, ik stak, ik gaf.
  lezen   ik las

3 Irregular strong verbs:
(Infin.) *weten* (pres. t.) ik weet (past t.) ik wist
         verstaan   ik versta   ik verstond

Special vocabulary (cf. written exercise 4)

de pen	pen	de kalender	calendar
de inkt	ink	de barometer	barometer
de inktpot	inkwell	de thermometer	thermometer
de lessenaar	desk	de klok	clock
de prullenmand	waste-paper basket	de hoge hoed	top hat
		de jas	coat
de copiëerpers	copying press	de paraplu	umbrella
de kat	cat	de schrijf-	
de haard	hearth	machine	typewriter
de schoor-		de dictafoon	dictaphone
steenmantel	mantelpiece	de telefoon	telephone
de kolen	coal	de reken-	calculating
de kolenbak	coal-scuttle	machine	machine
de pook	poker	het potlood	pencil
de tang	tongs	het tapijt	carpet

Spelling and pronunciation exercise

1	verhaaltrant	11	zieltogen
2	onderwijzer	12	beminnelijk
3	bescherming	13	vrijzinnig
4	gulhartig	14	uitbijten
5	stelselmatig	15	berusten
6	arbeidsbeurs	16	regelmatig
7	kregelig	17	onafhankelijk
8	humeur	18	toeschouwer
9	verhevenheid	19	toestemmen
10	ontoereikend	20	nieuwbakken

Written exercise 1

Indicate which rule of those given in Lesson Seventeen accounts for the past tense forms of the weak verbs that occur in the story in this lesson.

Written exercise 2

Answer in Dutch:

1. Wat gebeurde er met de fles na de schipbreuk? 2. Op welke kust wierp de zee de fles? 3. Bleef de fles daar lang liggen? 4. Las de man het briefje? 5. Wat deed hij toen? 6. Hielp dat— en waarom niet? 7. Hoe lang bleef de fles op dat kantoor? 8. Wat gebeurde er toen? 9. Waar zette de vinder de fles eerst? 10. Bleef de fles daar de hele tijd? 11. Wat deed de graahkoopman ermee? 12. In welk land kwam 'het monster'? 13. Hoe wist de fles waar hij was? 14. Wat gebeurde er op het feest, en wie zag de fles daar? 15. Was de volgende reis van de fles weer een zeereis? 16. Ging er weer medicijn in de fles? 17. Wat deed de piloot met de fles? 18. Was dat niet gevaarlijk? 19. Wat zijn scherven? 20. Waar viel de fles, en waar rolden de scherven? 21. Wie raapte de hals van de fles op? 22. Waarvoor werd die gebruikt? 23. Wat voor vogel was er in de kooi? 24. Herkende de vrouw de fles? 25. Was de vrouw getrouwd?

Written exercise 3

Describe the picture of the old-fashioned office given at the head of this lesson. Indicate why the office is old-fashioned, bringing in the names of objects belonging to modern offices. Make full use of the dictation and the special vocabulary given at the beginning of Lesson Seventeen.

Written exercise 4

The whole story given in Lessons Eighteen to Twenty is old-fashioned. Write something about this, showing the contrast between the old and the modern ships, the horse and cart and the lorry, the balloon and the aeroplane. Introduce the following words:

de kracht	force, power
bewegen	to move
de wind	wind
de steenkolen	coal
de olie	oil
de benzine	petrol
de stoom	steam
het stoomschip	steamship
het motorschip	motor-vessel
de lorrie	van, lorry
het vliegtuig	plane
de verbrandingsmotor	internal combustion engine
de dieselmotor	diesel engine

Vocabulary

de directie	managers	het schuitje	basket (of balloon)
het drinkbakje	drinking-bowl		
de gedachte	thought	de steen	stone
het graan	grain (wheat)	de stoot	knock
de graan-koopman	corn chandler	de taal	language
		de tuinman	gardener
de hals	neck	het verleden	past
de kaars	candle	de vinder	finder
de kanarie	canary	de zolder	loft
de kelder	cellar		
de kooi	cage	duren	to last
het koren	corn (wheat)	lezen	to read
de luchtballon	balloon	oprapen	to pick up
het monster	sample	schoonmaken	to clean
de piloot	pilot	verstaan	to understand
de rommel	junk, rubbish		
de rommelkast	box-room, lumber-room	eigen	own
		elkaar	each other
de scherf	(glass) splinter	heel wat	a good deal

helaas	alas	op den duur	in the long run
hoera	hurrah	het kan wel tegen een stootje =
jawel	yes, certainly		it can stand a great deal of
ondersteboven	upside down		rough wear
ongetrouwd	unmarried		
weldra	soon		

LESSON TWENTY-THREE
DRIE-EN-TWINTIGSTE LES

DICTATION: DE DROOM VAN DE TIMMERMAN   VII

De derde dag begon de timmerman te wanhopen. Het was zijn
laatste kans, want die avond ging hij weer terug naar Zwolle. Maar
in de namiddag kwam er een man naar hem toe, die hem steeds
maar weer op de brug gezien had en hem vroeg of hij misschien
iets of iemand zocht.

De timmerman vertelde hem zijn droom: dat hij naar Amsterdam
moest gaan en daar op de brug van het Muntplein goed nieuws zou
horen. De man moest erg lachen. Dromen, zei hij, waren allemaal
onzin. En hij voegde daaraan toe dat hij óók eens zo iets gedroomd
had.
(See note to dictation, Lesson Three.)

THE PRESENT PERFECT TENSE FORMS

The present perfect is formed by taking the past participle of the
main verb, preceded by a present tense form of *zijn* or *hebben*.

In English the formation of the present perfect is similar but the
only auxiliary used is *to have*.

To use the perfect tense we must know how to form the past
participles (N.B. In English the past participle of *to walk* is *walked*,
of *to see* is *seen*) of both weak and strong verbs.

Past participles of weak verbs

(1) Take the root of the verb (same rules apply as for the past tense; cf. Lesson Seventeen).

(2) Prefix ge-. If the verb has a separable prefix, put -ge- between prefix and root. If the verb has an inseparable prefix, leave ge- out.

(3) Suffix either -d or -t (same rules apply as for addition of -de or -te in past tense; cf. Lesson Seventeen). If root ends in -d, no second d is added; if root ends in -t, no second t is added, so that there is no syllable ending in a doubled consonant.

N.B. Not all past participles are regular.

Infinitive	Past tense	Past participle	
wandelen	ik wandelde	gewandeld	to walk
rukken	ik rukte	gerukt	to wrench
leven	ik leefde	geleefd	to live
praten	ik praatte	gepraat	to talk
aanrukken (sep.)	ik rukte aan	aangerukt	to march up
overleven (insep.)	ik overleefde	overleefd	to survive

Past participles of strong verbs

(1) The root vowel may or may not be changed; it must be learned in the same way as that of the past tense form.

(2) Prefix ge-. Same rules as for weak verbs.

(3) Suffix -en, as in the infinitive.

Infinitive	Past tense	Past participle	
lopen	ik liep	gelopen	to walk
rijden	ik reed	gereden	to ride
opkijken	ik keek op	opgekeken	to look up
bekijken	ik bekeek	bekeken	to look at

The next lesson will show the correct use of the auxiliaries to the present perfect. This tense is therefore not yet to be used in this lesson.

Written exercise 1

Translate into Dutch:

1. The glasses are on the table in the dining-room. 2. Two days later we moved. 3. The sailors went to the ships. 4. Both his journeys were very pleasant. (Translate: His both journeys . . .) 5. The children had (*kregen*) eggs for (*aan*) breakfast. 6. The carpenters make roofs for the new houses. 7. The waves beat on the coast. (Translate both into present tense and into past tense.) 8. There are no merchants on board these ships. 9. There are two blacksmiths in that small village. 10. The merchants put (past tense) their bales and boxes under the glass roofs.

Written exercise 2

Translate into Dutch:

1. There was a letter in the bottle that stood on the mantelpiece. 2. The letter was in a foreign language and the finder could not read it. 3. After a few years they threw it away. 4. The sailor wrote the letter with a pencil. 5. The bottle which he threw overboard was the bottle in which the corn chandler had put (= gedaan had) the sample. 6. The man who found the bottle on the beach, walked to his office, took the cork out of the bottle and tried to read the letter. 7. He gave it to his friends, but they could not read it either (*ook niet*). 8. He put (*steken*) it in his pocket and went home. 9. The seagulls flew over the waves and looked at the object which floated towards the shore. 10. The letter which the sailor wrote did not help, for the people did not understand what was (= stood) in it.

Written exercise 3

Give the past tense forms (all persons) of the following verbs:

1	aankomen	4	wegvliegen
2	verkopen	5	vertrekken
3	opschrijven		

LESSON TWENTY-FOUR
VIER-EN-TWINTIGSTE LES

DICTATION: DE DROOM VAN DE TIMMERMAN VIII

De vreemdeling zei dat hij in zijn droom naar Zwolle moest, en daar, achterin de tuin van een timmerman in de Dijkstraat, een grote som geld begraven zou vinden onder een oude, bruine beuk. 'Stel U voor!' zei hij. 'Zou ik daar aankloppen en aan een wildvreemde vragen of ik een put in zijn tuin mocht graven? Ik zou wel gek zijn.'

'Ik ben het roerend met U eens,' zei de timmerman.

'Waar komt U vandaan?' zei de vreemdeling.

'O, ik kom uit Zutfen,' antwoordde de timmerman. Hij reisde terug naar huis, groef onder de beuk in zijn tuin en vond daar al het geld van zijn overgrootvader.

(See note to dictation, Lesson Three.)

THE PRESENT PERFECT TENSE FORMS (CONTINUED):

Use of auxiliaries

(1) Take *hebben*: verbs indicating an action or a state (except the verbs *blijven* and *zijn*), as e.g.: drinken (to drink), werken (to work), vechten (to fight).

Hij heeft gewerkt, gedronken, gevochten, gewoond.

(2) Take *zijn*: verbs indicating a change from one state to another (a change of place or condition), as e.g.: sterven (to die), vallen (to fall), aankomen (to arrive), verhuizen (to move house); also *blijven* and *zijn* itself.

Hij is gestorven, gevallen, aangekomen, verhuisd.

(3) The intransitive verbs of motion (verbs of coming and going), such as lopen, rijden, varen, sporen, take either *hebben* or *zijn*.

(a) take *hebben*: when used to indicate the type of motion.

Hij heeft dat hele eind gelopen, niet gereden.
(He has walked the whole distance, he did not ride.)

Hij heeft niet gevaren, maar gefietst.
(He did not go by boat, but by bicycle.)

(b) take *zijn*: when the destination is given.

Hij is van hier naar Arnhem gelopen.
(He walked from here to Arnhem.)
Hij is naar Vlissingen gezeild.
(He sailed right down to Flushing.)

Written exercise 1

Translate into Dutch:

1. The wooden chairs stood on the stone pavement in front of the iron gate. 2. The roofs consisted of steel girders and glass. 3. The new-laid (= fresh) eggs were in earthenware dishes on the long table. 4. The iron mantelpiece was old-fashioned but not very fine. 5. Large wooden beams floated between the ships in the harbour. 6. The little boy wore a paper hat. 7. The cotton materials were not very expensive. 8. She had to polish a number of brass objects that stood on the mantelpiece. 9. There were two glass fruit-dishes and one stone jug. 10. The steel girders were much better.

Written exercise 2

Translate into Dutch:

It was market day in the small town. The farmers were in the town to do business; the country-folk came to shop; the shops were busy and the market square was full of people who stood round the stalls and looked left and right at the piles of goods on the counters. The townspeople, too, were busy shopping.

Our coach arrived in the town at half-past eleven, and we went straight to the market. The best shops were in or near the market square, and everywhere the people were buying all sorts of things and filled the large bags and baskets which they carried.

The market square was very colourful. Behind and above the stalls and the people one could see* the houses and their red roofs. High above them stood the tower, dark against white clouds in a blue sky. The sun shone on the white roofs of the stalls, on the fruit and the flowers, and the smell of fruit, fish and vegetables was in the air.

Round the market there were a number of cafés and sandwich bars. There were chairs and small tables in front of the cafés and people were sitting in the open air with a cup of coffee or a glass of beer. In one large café one could hear* music, and many of the visitors went there (= erheen). We had our meal there. Then we walked once more round the market, looked at the old town hall, at the shops, at one or two streets near the market and at the town canals with their rows of trees and barges, and then we went back to our coach.

(*The infinitive goes to the end of the clause.)

Written exercise 3

Give all the past tense forms of the following verbs:

1 zich wassen (weak vb.)   4 zich vervelen (weak vb.)
2 zich snijden   5 zich helpen
3 zich aankleden (weak vb.)

Vocabulary

de bus	coach	overal	everywhere
de tas	bag		

LESSON TWENTY-FIVE
VIJF-EN-TWINTIGSTE LES

THE FUTURE TENSE AND CONDITIONAL TENSE FORMS

Note that English uses both *shall* and *will* in the future tense. Dutch only uses *zullen*. The verb *willen* studied in Lesson Twelve is never used to refer to the future.

zullen

ik zal	I shall
je zult (zal)	you will
hij zal	he will

wij zullen	we shall
jullie zullen (zult, zal)	you will
zij zullen	they will

U zult, U zal	you will

There is no change in this auxiliary verb when used in the inter-rogative form, except the usual loss of -t in the second person singular:

zal ik? zul je? zal hij?
zullen wij? zullen jullie? zullen zij?

Note that the infinitive of the main verb accompanying *zullen* goes to the end of the sentence. This is the same principle as the one that sends the past participle to the end of the sentence in the present perfect tense construction.

Ik *zal* vanavond naar het station *gaan*.
(I shall go to the station to-night.)
Het zal vanavond wel laat *worden*.
(I think we shall be late tonight.)

The past tense of *zullen* is:

ik zou	wij zouden	I should or would,
je zou	jullie zouden	you would,
hij zou	zij zouden	he would, etc.
U zou (old-fashioned: zoudt)		

(The -d- in the plural is usually pronounced -w-)

The past tense forms are used to form the conditional, in the same way as the present tense forms are used to form the future.
The conditional expresses an uncertain or hypothetical future (de-pending on a condition usually introduced by: If. . .)

ik zou. . .gaan = I would go. . .
wat zou er. . .gebeuren = what would happen. . .

There are a number of examples of this form in the nature passage in Lesson Twenty-Six.

Oral exercise 1

Answer the following questions based on Lesson 13:

1. Waar houdt Jan van? 2. Houdt hij alleen van het water? 3. Houdt hij van vliegtuigen? 4. Wat doet Jan met zijn zakgeld? 5. Al zijn zakgeld? 6. Waar gaat Jan vaak heen? 7. Wat ziet hij daar? 8. Met wie gaat hij vandaag mee? 9. Waarom? 10. Wie is tante? 11. Waar stempelt men de kaartjes van oom en tante af? 12. Wie doet dat? 13. Wat vertelt de man hen? 14. Waar geven ze hun grote bagage af? 15. Hoe gaat de grote bagage uit de vertrekhal? 16. Waar kijkt het meisje achter de tweede balie naar? 17. Waar gaan oom en tante dan? 18. Mogen Jan en zijn ouders mee? 19. Wat doen Jan en zijn ouders dan? 20. Wat doet oom met de paspoorten en de reçu's? 21. Wat roept Jan hen na?

Oral exercise 2

Answer the following questions based on Lesson 14:

1. Waar zijn oom en tante nu? 2. Wat kopen ze daar? 3. Voor wie kopen ze een flesje parfum? 4. Waarom? 5. De luidsprekers roepen drie inlichtingen af, en wel . . . . 6. Waar gaan Jan en zijn ouders nu heen? 7. Wat kun je van het observatiedak zien? 8. Waar staan de vliegtuigen klaar? 9. Hoe brengt men de bagage naar de vliegtuigen? 10. Wat ziet Jan bij het straalvliegtuig voor Montreal? 11. Hoe gaan de passagiers aan boord? 12. Kan men ze zien? 13. Wat doet men met de telescopische slurf? 14. Wat doet het vliegtuig dan? 15. Kun je het horen? 16. Waar staat Jan als hij het vliegtuig nakijkt? 17. Wat doet vader? 18. Waar gaan ze dan? 19. Waar droomt Jan van?

Written exercise 1

Translate the following sentences into English and learn the new words with the help of the vocabulary at the end of this book:

1. Kunt U me de weg naar het station wijzen, meneer? 2. Heb je genoeg geld om nog een paar sigaren voor me te kopen? 3. Mag ik je wat tabak voor je pijp aanbieden? 4. Moest je niet naar die sigarenwinkel gaan om nog wat sigaretten te kopen? 5. Heb je geen lucifers meer? Neem er een paar van mij en stop die in dat lege doosje. 6. Rol je je eigen sigaretten? 7. Ik stop liever nog een pijp. 8. Laten we nog even een sigaretje opsteken. 9. Pas op! Gooi dat asbakje niet om, anders valt al die as op het tapijt. 10. Mag ik U een sigaar aanbieden, of rookt U liever Uw pijp?

Written exercise 2

Write a free composition about a journey by boat or train or air.

Further travel vocabulary

de bagagekamer	luggage store	de stationschef	stationmaster
het bagagenet	luggage rack	het visum	visa
de brug	bridge	de wachtkamer	waiting room
het buffet	buffet		
de controleur	ticket inspector	eerste klasse	first class
de coupé	compartment	(klas)	
de douane	customs	tweede klasse	second class
de douanier	customs officer	(klas)	
de hut	cabin		
de locomotief	engine	aangeven	to declare
het portier	carriage door	bagage	to search
het raampje	window	controleren	luggage
de reisbiljetten	tickets	instappen	to get in
het reisbureau	travel agency	kaartjes	
het retourbiljet	return ticket	knippen	to clip tickets
(het retourtje)		overstappen	to change
het rijtuig	carriage	paspoorten	to stamp
het spoor	track	afstempelen	passports
de spoorweg	railway	uitstappen	to get out

LESSON TWENTY-SIX
ZES-EN-TWINTIGSTE LES

When translating the following passage, refer to the vocabulary at the end of the book.

ER VERDWIJNT VEEL SCHOONS

(Naar een arikel uit *De Nieuwe Rotterdamsche Courant*)

Midden in het dorp, omgeven door een park met bruine beuken, rijzige populieren en naaldbomen, met breedgekruinde eiken en platanen, staat een hoog, wit landhuis, monumentaal.

Soms, als de zon er op schijnt, lijkt het een vorstelijke woning, statig en in deftige rust; soms als de clematis om de serres bloeit of als de witte muren wegschemeren in schaduwen van de avond, lijkt het een sprookjeshuis, een droom en een idylle.

Een brede laan van beuken leidt naar het huis. Er omheen slingeren zich geheimzinnige paden naar een vijver, die in donkere glans ligt bij de altijd groene rododendrons, naar verborgen rots-tuinen met resten van exotische planten, naar bloembedden en terrassen, vanwaar het uitzicht reikt door lanen heen tot een blauwe lichtende horizon.

Het huis is niet bewoond, de blinden zijn dicht-gesloten ogen. Het staat er alles zwijgend en dromend in zijn verlatenheid. Alleen de vogels, de dikke bosduiven en de gaaien, brengen er beweging en leven. Om het park heen lopen de wegen van het dorp. De mensen, die er gaan, worden ook stil, omdat altijd aan hun zijde het geheimzinnige park en het verlaten huis is.

Vroeger, toen het huis bewoond werd, was dit anders. Auto's reden er af en aan. In het park was er een vrolijk leven, de bewoners ontvingen bezoekers en logés, de kinderen speelden er met opgetuigde bokkenwagens, tuinlieden verzorgden de tuinen, borders bloeiden er rijk, orangerieën vertoonden palmen en exotische bloemen. En de ingezetenen van het dorp voeren wel bij deze rijke bewoning.

Dit is al lang voorbij. Roerloos in hun pracht staan de naald-bomen, wilde duiven bevolken de nog kale boomkruinen en leggen door hun dof gefladder de nadruk op de verlatenheid. Het mos der paden is als groen fluweel. Als restanten uit de goede, rijke tijd komen hier en daar nog crocussen en sneeuwklokjes te voorschijn, bloeien er de toverhazelaar, en de uiteengewaaide winterjasmijn.

Het huis droomt ongestoord verder, zwijgend in de bleke schemer van zijn witte muren. Zijn verlatenheid rust als een drukkend geheim op het dorp.

Nu is ook dit voorbij. Een glanzend-gelakte auto reed de laan in, heren stapten er uit en wandelden deftig over de geluidloze, met mos begroeide paden van het park. De mensen uit het dorp schoolden tezamen bij het hek.

Wat zou er gebeuren met het grote, witte huis? Zou het weer bewoond worden? Zouden het rijke vreemdelingen zijn, die deze sprookjeswereld konden kopen, met villa en terrassen, met vijver en prieeltjes, met varens en cipressen en met het uitzicht naar het zuiden?

Zouden de blinden van het huis opengeworpen worden en de paden geharkt en zou er weer rijk en vrolijk leven komen met auto's en paarden en honden?

Men hoopte het. Want de geheimzinnigheid en de stilte zouden wijken uit het midden van het dorp. De slager en de kruidenier, de bakker en de melkboer, de kapper en de brievenbesteller, zij zouden allen weer door de statige laan mogen gaan en het landhuis opnieuw verbinden met het dorp.

Er zou geld komen in het laatje. In het laatje van de slager en de kruidenier en de bakker. En in het laatje van de gemeente.

Men sprak dagen lang in het dorp over het bezoek. 'Het is verkocht', werd gefluisterd.

'Aan een schatrijke heer', wist een ander.

'Voor meer dan honderd duizend gulden', verzekerde eentje, die het weten kon. Het hele dorp verheugde zich, het riep het elkaar toe op de weg.

'Zou het wel zeker zijn?' vroeg een twijfelaar. Zeker? Zeker? Ja, wie wist het eigenlijk zeker! ''t Heeft in de krant gestaan,' zei de bovenmeester. 'Ja, in de krant,' gromde de twijfelaar wantrouwend.

Ja, het is verkocht. Mannen planten rood-witte paaltjes kris-kras door het park, en lopen dwars door lanen en paden. Op de terras-

sen en in de bloembedden, overal, slaan ze die palen als onheil-
spellende bakens. De schoonste beuken worden gemerkt voor de
bijl, menie-rode kruisen op de naaldbomen en populieren zijn als
aangeplakte doodvonnissen; op het witte droomhuis is een plakkaat
aangeslagen: 'Voor afbraak te koop'. En tussen de eerste crocussen, waarvan de meeste reeds vertrapt zijn, staat brutaal een kleurig
bord met een plan in zwarte lijnen en de woorden 'Bouwterreinen
te koop'.

Er zal weer een goede tijd komen voor kruidenier en bakker,
voor slager en melkboer. Het dorp leeft op en verheugt zich. Maar
uit zijn midden zal iets schoons voor altijd verwijnen, iets dat met
het wezen van het dorp was samengegroeid: het sprookje, de
droom, de idylle. Een schoonheid, die méér is dan geld.

Written exercise

Translate the dictations of Lessons 3, 5, 7, 10, 14, 16 and 23. Learn
their vocabulary, then write the story from memory, in Dutch, in
your own words.

LESSON TWENTY-SEVEN
ZEVEN-EN-TWINTIGSTE LES

The following article, given for translation, reading and vocabulary
study has been taken from the Dutch newspaper *De Nieuwe Rotterdamsche Courant*

**LISTIGE INBRAAK IN EEN AMSTERDAMS
WISSELKANTOOR
EEN GESTOLEN BRANDKAST VERVANGEN DOOR EEN
GROEN GEVERFDE THEEKIST**

Een aanzienlijk aantal gangbare en antieke munten buitgemaakt

In de nacht van zaterdag op zondag is in een wisselkantoor aan het Damrak te Amsterdam ingebroken. De buit bestaat uit een aanzienlijke hoeveelheid gouden en zilveren munten en antieke geldstukken.

De ontdekking

Zondagochtend tegen half tien ging de directeur van het wisselkantoor de heer Rechter, in gezelschap van vrouw en kinderen naar het station. Hij wilde voor een familiebezoek per trein naar Rotterdam gaan. Voor hij naar het station ging, wilde hij nog een kort bezoek aan zijn zaak brengen. Vrouw en kinderen wachtten buiten. Een ogenblik later kwam de heer Rechter opgewonden buiten.

Inbrekers hadden zijn kantoor bezocht, de brandkast was opengebroken, de inhoud, een groot bedrag aan gangbare zilveren en gouden binnen- en buitenlandse geldstukken en bovendien een kostbare verzameling antieke gouden en zilveren munten ter waarde van plus minus f 100.000 bleken verdwenen te zijn.

Onmiddellijk spoedde de heer Rechter zich naar het bureau Warmoesstraat waaronder het Damrak ressorteert. En even later was het gehele politie-apparaat in werking.

De inspecteur, C. J. de Vries Humol, en rechercheur A. van Broekhoven stelden het eerste onderzoek in. Later is ook de waarnemende commissaris van de sectie, commissaris M. O. F. van der Heul, ter plaatse geweest.

Hoe het gebeurde

Het wisselkantoor heeft voor, aan de Damrakzijde, twee etalages, gescheiden door een deur, waardoor het publiek toegang heeft tot de hal, waar. zich de loketten bevinden. Overdag worden in de etalages vreemde bankbiljetten, munten, enz. uitgestald, en op borden worden de wisselkoersen aangegeven. Het pand heeft echter nog een voordeur, n.l. naast de linker-etalage. Deze deur geeft toegang tot een lange gang, die in de gehele lengte langs de kantoorlokalen loopt. Aan het einde van die gang is ook een trapje van enkele treden naar de kelders onder het gebouw. De kelders waren afgesloten door een deur met een heel eenvoudig hangslot, dat zelfs zonder inbrekers-werktuigen wel kon worden geforceerd. De dieven nu—men neemt aan, dat de inbraak niet het werk van één man kan zijn geweest—zijn de tweede deur aan de straat binnengelopen. Deze deur is hoogstwaarschijnlijk niet op slot geweest. De kelderdeur was in een wip geforceerd. De kelders strekken zich onder het gehele gebouw uit, de hoogte bedraagt niet meer dan 1,60 meter, zodat een volwassen man er niet rechtop in kan staan.

In de kelder begon voor de inbrekers het eigenlijke 'werk'. Zij hebben uit de kelderzolder, die de vloer van de kantoorlokalen vormt, een keurig vierkant stuk gezaagd. Zo kwamen zij in het kantoorlokaal dat vlak achter de loketten is gelegen. Zij hadden het gat vlak voor de kachel gezaagd, zodat de asla naar beneden in de kelder terecht kwam. Dit was voor de nachtelijke bezoekers echter geen bezwaar. Zonder veel moeite waren zij in het wisselkantoor gekomen. Het moeilijkste werk moest nog komen. In dit voorste kantoorlokaal staat n.l. de brandkast met de door de inbrekers begeerde buit. Boven die brandkast brandt echter 's nachts een z.g.n. banklicht en van de straat is door de glazen toegangsdeur heen deze brandkast te zien. De controlerende nachtwaker werpt dus zo nu en dan een blik naar binnen om na te gaan of alles nog in orde is.

Theekist als safe

Daarmee hadden de inbrekers die blijkbaar van de situatie de nodige studie hadden gemaakt, rekening gehouden. Zij hadden een theekist meegenomen, die ongeveer dezelfde afmetingen heeft als de brandkast; die kist was 80 cm hoog en ongeveer 10 cm lager dan de kleine, maar stevige safe. In de kelder hadden de nachtelijke bezoekers de kist keurig groen geverfd en om het effect nog te verhogen en de kist bedrieglijk veel op de brandkast te doen gelijken, hadden zij met behulp van ijzerdraadjes en zilverpapier een verzilverde knop aan de kist gemaakt.

De kleine brandkast werd naar het vertrek achter het kantoor gesleept en op de plaats waar enkele minuten tevoren de brandkast nog troonde werd de groene theekist neergezet. Om de hoogte gelijk te maken zetten de fantasierijke inbrekers het nieuwe meubel op een paar boeken. Boven op de pseudobrandkast werd voorzichtig de schrijfmachine gezet, die ook op de echte brandkast had gestaan. Het geheel was zo bedrieglijk nagemaakt, dat zelfs de politie, toen zij zondagochtend in het kantoor kwam, niet direct het bedrog bemerkte. Toen de inbrekers zover met hun camouflage waren gevorderd en de echte brandkast naar de achterkamer was vervoerd, schoven zij de gordijnen tussen voor- en achterkamer dicht en ook de gordijnen voor de achterramen, die uitzicht geven op een rommelig binnenplaatsje, werden dichtgeschoven.

Zij bouwden een tent

Op de brandkast zetten de inbrekers vervolgens een leuningstoel en over het hele geval legden zij het vloerkleed. Na op deze wijze een tent te hebben gebouwd konden zij het eigenlijke zware inbrekerswerk beginnen. Met een carbidtoestel, een zuurstofcilinder en een snijbrander hebben zij de kast geopend en al zal het geen gemakkelijk werk zijn geweest, het lukte. Zij hebben geen bankpapier gevonden, daar dit des avonds altijd door de eigenaar wordt meegenomen naar een veiliger plaats. Wel troffen zij een belangrijk bedrag aan antieke gouden en zilveren munten aan, benevens een vrij hoog bedrag aan gangbaar goud- en zilvergeld uit alle landen. Hoe groot dit laatste bedrag is, kon de eigenaar zondagmorgen nog niet opgeven, dit zal pas mogelijk zijn na nauwkeurige berekeningen. Van de antieke munten had hij een lijst.

Het carbidtoestel, dat naast het zuurstofapparaat nodig is voor de snijbrander, werd op de derde verdieping van het gebouw aangetroffen in het atelier, dat een kleermaker in gebruik heeft. De inbrekers hebben hier ook een bezoek gebracht, doch voor zover bekend, wordt daar niets vermist. Het carbidtoestel is een stevig, groengeverfd tonnetje van eigen maaksel van 30 à 40 cm hoog, met twee koperen kranen. De inbrekers hebben hun zuurstofapparaat weer meegenomen.

De theekist is blijkbaar in de kelder groen geverfd, want zondagmorgen was de verf nog nat. Schilders zijn bezig het perceel van buiten te verven en in de kelder en in de gang stonden enige potten verf, maar groene verf was er niet bij, zodat de nachtelijke bezoekers deze waarschijnlijk zelf hadden meegebracht.

Het is niet de eerste keer, dat in het perceel is ingebroken. Begin september hebben leden van het hoofdstedelijke inbrekersgilde een nachtelijk bezoek gebracht aan de 2de etage waar een cargadoorskantoor is gevestigd. Er is toen echter niets gestolen, daar geen waarden in het kantoor waren achtergelaten, zodat de inbrekers zich moesten bepalen tot het openbreken en doorzoeken van lessenaars.

Deze inbraak lijkt veel op een inbraak, die korte tijd geleden in een fotohandel aan de Jozef Israëlskade is gepleegd.

Het wisselkantoor is tegen inbraak verzekerd.

n.l. = n*amelijk.*   z.g.n. = z*ogenaamd*(e)

A selection of chemical and geometrical terms

Many of the Dutch terms are near enough to the English to be easily understood, e.g. *de diagonaal, de cirkel, het oxyde.*

de koolstof	carbon
de koolwaterstof	carburetted hydrogen
het koolzuur	carbonic acid
de stikstof	nitrogen
de waterstof	hydrogen
het zout	salt
het zoutzuur	hydrochloric acid
het zuur	acid
de zuurstof	oxygen
het zwavelzuur	sulphuric acid
de driehoek	triangle
de gelijkbenige driehoek	isosceles triangle
de gelijkzijdige driehoek	equilateral triangle
de hoek	angle
de rechte hoek	right angle
de scherpe hoek	acute angle
de stompe hoek	obtuse angle
de loodlijn	perpendicular
de middellijn	diagonal
de omtrek	circumference
de rechthoek	rectangle
de ruit	rhomb
het vierkant	square

THE SOUNDS OF DUTCH

This appendix is intended mainly for the use of those teachers and students conversant with phonetic theory. To them it is meant to be a help; it is not intended to teach phonetics to those who know none.

Phonetic rendering of the key-words 1 to 12 in Lesson One

1	pit	7	pɑt
2	pɪt	8	pɔt
3	pet (peᶦt)	9	pœt
4	pɛt	10	pot (poᵘt)
5	pɛɪt	11	put
6	pɑt	12	pyt

N.B. Numbers 3 and 10 tend to become diphthongised when in open syllables.

Phonetic rendering of the key-words 13 to 21 in Lesson Two

13	tøʸn	16	tɔun	19	hui
14	tœʸn	17	ha:i	20	ey
15	dør	18	ho:i	21	iy

Transcription of the pronunciation exercise of Lesson Nine

1	ˈjoləx	11	ˈʔɛizəx
2	ˈwɛizəɣə	12	vərˈdeltheɪt
3	ˈdadələk	13	ɣəˈlœk
4	ɣəˈnipəx	14	ˈwɛizəɣɪŋ
5	ɣəˈlɛɪk	15	ˈvresələk
6	vərˈslɑx	16	ɣəˈret
7	ˈdœydələk	17	ˈryzi
8	ˈʔolək	18	ˈhɛɪɱwe
9	ˈblɛɪhɛɪt	19	bəˈrɛɪt
10	ˈʔɛisələk	20	plɛɪˈdoi

Diagram illustrating the tongue positions of Dutch vowels

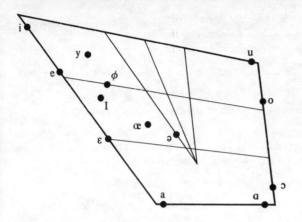

Diagram illustrating the nature of the Dutch diphthongs

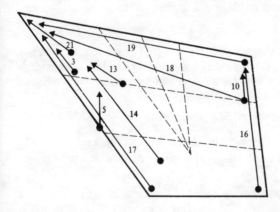

GENERAL DESCRIPTION OF DUTCH SOUNDS

The vowels

1 *piet:* a pure vowel (like the *i* in French *midi*); it is shorter than the English *ee*.

2 *pit:* between English *i* of *pit* and English *e* of *men*.

3 *peet:* a pure vowel (like the French *e* of *été*); it is like a much lengthened English *i* of *pit*. In open syllables especially it tends to become a diphthong, ending in sound no. 1.

4 *pet:* between English *e* of *then* and English *a* of *hat*.

5 *pijt:* begins like the *e* of English *get* and passes on to the *i* of English *sit*.

6 *paat:* the *a* of English *are* made to sound more like the *a* of English *hat*.

7 *pat:* between English *a* of *are* (but short) and English *o* of *hot*.

8 *pot:* like the English *ar* of *war*, but short.

9 *put:* like the English *er* of *her*, but short.

10 *poot:* a pure vowel, like the first part of the English *o* in *go*; it does not pass on to the *oo* which comes at the end of English *o*. In open syllables it tends to become a diphthong, ending in sound no. 11.

11 *poet*: a pure vowel, like Scotch *oo* in *look*.

12 *puut:* (like French *u* in *tu*.) To practise it, say: -*ee*-, keep tongue quite still (check this with a pencil), and put the lips forward.

13 *teun:* (passes from the vowel of French *deux* to that of French *tu*); it is somewhat like passing from the *e* of English *the* to sound 12. The pronunciation in which the vowel does not change but merely has the first element lengthened is not to be recommended.

14   *tuin*: (passes from the vowel of French *leur* to that of French *tu*); it is somewhat like passing from the vowel of English *but* to the vowel described under no. 12.

15   *deur:* the first element of sound no. 13.

16   *toun, taun:* passes from the *o* of English *hot* to the *oo* of English *book*.

17   *haai:* passes from sound no. 6 to sound no. 1.

18   *hooi:* passes from sound no. 10 to sound no. 1.

19   *hoei:* passes from sound no. 11 to sound no. 1.

20   *eeuw:* passes from sound no. 3 to sound no. 12.

21   *ieuw:* passes from sound no. 1 to sound no. 12.

The consonants

w at the beginning of a syllable is produced by placing the lower lip against the upper teeth and then removing it without blowing; it lacks the *-oo-* element of the English w;

at the end of a syllable is produced with both lips and is a semi-consonant, as *u* in French *lui: eeuw, nieuw;* also in *Uwe*;

after *t* and *k* becomes a weak *f*;
is not pronounced in *Uw* and *erwt* (pea).
followed by *r* at the beginning of a word is pronounced *v: wringen.*

t and *d* differ from the corresponding English sounds in that the tip of the tongue is pressed against the upper teeth.

n the same applies as for *t* and *d*.

r there are three varieties in Dutch:

(1) rolled with the tip of the tongue;
(2) rolled with the uvula;
(3) scraped with the uvula;

ch and *g* (ch corresponds to the German ach-Laut); to learn these put the mouth in position to say a long *k* (the sort of *k* which is followed by *oo* as in *coo*, but hold on to the *k*); slowly release the *k* and the resulting scraping sound is the *ch*. The *g* is slightly voiced except at the end of words.

ENGLISH–DUTCH VOCABULARY

A

able, to be	kunnen
above	boven
above all	vooral
absolutely	hoegenaamd
accept, to	aannemen
access	de toegang
acquainted, to be	kennen
addressograph	de adresseer-machine
admittance	de toegang
adventure	het avontuur
affixed	aangeslagen
after	na
afternoon	de (na)middag
afternoon, in the	's (na)middags
after that	daarna
again	weer
against	tegen
aim, to	aanleggen, mikken
air	de lucht
airport	de luchthaven
alarm-clock	de wekker
alas	helaas
all (of us, you, them)	allemaal
all sorts of	allerlei
all this	dit alles
allowed, to be	mogen
almost	bijna
along	langs
already	al
also	ook
altogether	helemaal
always	altijd
amazed	versteld
amount	het bedrag
amount to, to	bedragen
amuse oneself, to	zich amuseren
and	en
angry	kwaad
animal	het dier
announce, to	afroepen
answer, to	antwoorden
antlers	het gewei
any	enig
apart from	benevens, afgezien van
apparatus	het apparaat
apparently	blijkbaar
apple	de appel
April	april
arc	de boog
arranged	ingericht
arrive, to	aankomen
article	het artikel
as soon as	zodra
as well as	zowel
ash	de as
ashpan	de asla
ask, to	vragen
at once	opeens
at the bottom	benedenaan, onderaan
at the side of	naast
at the top	bovenaan
attach, to	vastmaken

August	augustus	barrel organ	het draaiorgel
aunt	de tante	barrow	het karretje
autumn	de herfst	basket	de mand; het
avenue	de laan		schuitje
awake	wakker	bath(e)	het bad
away	weg	bath(e), to	baden
awful	akelig	bathing-suit	het badpak,
axe	de bijl		het
			zwempak
		bathroom	de badkamer
B		beach (sandy)	het strand
		beacon	het baken
back (n.)	de achterkant	beam	de balk
back (adj.)	terug	bear, to	dragen
back, at the	van achter	(carry)	
back of, at the	achter	beard	de baard
background	de achtergrond	beat, to	slaan
back one	de achterste	because	omdat
backwards and		become, to	worden
forwards	af en aan	bed	het bed
bad	slecht	bedroom	de slaapkamer
bag	de tas	beech	de beuk
baker	de bakker	beer	het bier
bakery	de bakkerij	before	voor
balcony	het balkon	begin, to	beginnen
bale	de baal	behind	achter
ball	de bal	believe, to	geloven
banana	de banaan	belong to, to	behoren aan
band	de bende; de	belt	de (lopende)
	band; het	(conveyor)	band
	orkestje	beside	naast
banister	de leuning	best	best
bank (of river)	de oever	between	tussen
banknotes	het bankpapier	bicycle	de fiets
bar	de reep	(motorised)	(de
bargain	het koopje		bromfiets)
barge	de schuit	big	groot
baron	de baron	bikini	de bikini
barrel	het vat	bind, to	binden
barrel (of gun)	de loop		

bird	de vogel	box of	het doosje
birthday	de	matches	lucifers
	(ver)jaardag	boy	de jongen
to have a		brake	de rem
birthday	jarig zijn	branch	de tak
biscuit	het koekje	brandy	de brandewijn
bitter	bitter	brasswork	het koperwerk
black	zwart	brave	dapper
blackboard	het bord	bread	het brood
blanket	de deken	breadboard	de broodplank
blow	de slag	bread-dish	de broodschaal
blow (of wind)		break, to	breken
to	waaien	breakfast	het ontbijt
blue	blauw	bridge	de brug
boar (wild)	het (wilde)	bright	helder
	zwijn	broad	breed
board, on	aan boord	brook	de beek
boarding pass	de instapkaart	brother	de broer
boat	de boot	brown	bruin
boat deck	het sloependek	bucket	de emmer
bold	brutaal	building	het gebouw
bone	het been	building site	het
book	het boek		bouwterrein
book, to	bespreken	bullet	de kogel
booking-office	het loket	bunk	de kooi
bookstall	het boeken-	bury, to	begraven
	stalletje	bus	de bus
booty	de buit	bush	de struik
bore, to	vervelen	business, to do	zaken doen
bored, to be	zich vervelen	busy	druk; bezig
boring	vervelend	but	maar
both	beide(n)	butter	de boter
both. . .	zowel. . .	button	de knoop
and. . .	als . . .	buy, to	kopen
bottle	de fles		
bottom, at the	onderaan,	**C**	
	benedenaan		
bow visor	het boegvizier	cabin	de kajuit
box	de doos	café	het café

cage	de kooi	cattle market	de veemarkt
calculation	de berekening	celebrate, to	vieren
call (= name),		cellar	de kelder
to	noemen	centre (of	het centrum
call, to	roepen	town)	
called, to be	heten	century	de eeuw
calm	kalm	certain	zeker
camp	het kamp	chair	de stoel
can	cf. *to be able*	chance	het toeval, de
canal	het kanaal, de		kans
	gracht	chance, by	toevallig
candle	de kaars	chase, to	jagen
capital (=	de hoofdstad	cheap	goedkoop
city)		cheese	de kaas
capsize	kapseizen	cheese market	de kaasmarkt
captain	de aanvoerder	chef	de kok
capture, to	buitmaken	cherry	de kers
car	de auto	cherry-stone	de kersepit
carbide	het carbid	cherry-tree	de kerseboom
carbon-copy	de doorslag	chief inspector	de commissaris
careful	voorzichtig	child	het kind
cargo	de lading	chimney	de schoorsteen
cargo boat	het vrachtschip	chocolate	de chocola(de)
carpenter	de timmerman	choose, to	kiezen
carpenter's	de timmer-	church	de kerk
shop	winkel	churchyard	het kerkhof
carpet	het tapijt, het	cigar	de sigaar
	vloerkleed	cigarette	de sigaret
carriage	het rijtuig	clean	schoon
carry, to	dragen	clean, to	schoonmaken
cart	de kar, de	clear	helder
	wagen	clear away, to	opruimen
carter	de voerman	clerk	de klerk .
carton	het doosje	climb down, to	afklimmen
case	de kist; de	climb up, to	opklimmen
	koffer	cloak	de mantel
cat	de kat, de	clock	de klok
	poes	close to	dicht bij, vlak
cattle	het vee		bij

cloth (material)	het laken	corner	de hoek
clothes	de kleren	cost, to	kosten
cloud	de wolk	cot	het bedje
coach	de bus	cotton	het katoen
coal	de steenkolen	counter	de toonbank
coal scuttle	de kolenbak	country	het land
coast	de kust	country folk	de buiten- mensen
coat	de jas	countryside	het platteland
cobble	de kei	country woman	de boerin
cold	koud		
collecting box	de centenbak	couple	het paar
colour	de kleur	courage	de moed
coloured	gekleurd	courageous	moedig
colourful	kleurig	cousin	de neef (*masc.*), de nicht (*fem.*)
comb	de kam		
come, to	komen		
come across, to	aantreffen	cover, to	bedekken
come back, to	terugkomen	covered	bedekt
come in, to	binnenkomen	cow	de koe
to command, (lead)	aanvoeren	crocus	de crocus
		crooked	krom
conductor	de conducteur	cross out, to	doorstrepen
congratulate	gelukwensen	crossing (sea)	de overtocht
considerable	aanzienlijk	crowd, to	dringen
consist of, to	bestaan uit	cry (=weep), to	huilen
container	de container		
control	de contrôle	curious	zonderling
conveyor belt	de (lopende) band	current	de stroom
		curve	de boog
cook	de kok	customer	de klant
cooling- chamber	de koeloven	cut (oneself), to	(zich) snijden
cork	de kurk	cycle, to	fietsen
corkscrew	de kurketrekker	cypress	de cipres
corn (grain)	het koren, het graan	**D**	
		daily	dagelijks

danger	het gevaar
dangerous	gevaarlijk
dark blue	donkerblauw
date	de datum
daughter	de dochter
day	de dag
day, during the	overdag
deaf	doof
dear (= sweet)	lief
deceit	het bedrog
December	december
deception	het bedrog
deceptive(ly)	bedrieglijk
decide, to	besluiten
decision	het besluit
deck	het dek
deck-chair	de ligstoel
declare, to	aangeven
deep	diep
deer	het hert
delay	de vertraging
delivery van	de bestelwagen
demolition	de afbraak
describe, to	beschrijven
desk	de lessenaar
despair, to	wanhopen
destination	de bestemming
die, to	sterven
different	anders
difficult	moeilijk, lastig
dig, to	graven
dimension	de afmeting
dining-room	de eetkamer
direct(ly)	direkt
dirty	vuil
disappear, to	verdwijnen
dish	de schaal

distance, the (far)	de verte, de afstand
do, to	doen
doctor	de dokter
document	het stuk
dog	de hond
domestic	huishoudelijk
door	de deur
(front-)	(de voordeur)
downstairs	beneden
dream	de droom
dream, to	dromen
dress, to	zich aankleden
drink, to	drinken
drinking bowl	het drinkbakje
drunk	dronken
dry	droog
dry (oneself), to	(zich) drogen
during the day	overdag
dust	het stof
dusty	stoffig
Dutch	Hollands, Nederlands
duty (= tax)	de belasting
duty free	belastingvrij
dwell, to	wonen
dwelling	het woonhuis

E

each	elk
each other	elkaar
earlier	vroeger
early	vroeg
earth	de aarde
earthenware	het aardewerk
easy(=easily)	makkelijk
eat, to	eten

eat up, to	opeten	extremely	vreselijk
egg	het ei	eye	het oog
eight	acht		
eighty	tachtig	**F**	
eleven	elf		
empty	leeg	façade	de gevel
end	het eind, het einde	face	het gezicht
		fact, in	trouwens
endless	eindeloos	factory	de fabriek
enemy	de vijand	fairly	nogal
engagement (=		faithful	trouw
		fall, to	vallen
betrothal)	de verloving	fall asleep, to	in slaap vallen
engine	de machine	famous	beroemd
England	Engeland	far	ver
English	Engels	farewell	de groet
enjoy, to	genieten van	farm	de boerderij
enjoy oneself, to	genieten, zich amuseren	farmer	de boer
		farmer's wife	de boerin
enormous	enorm	farther	verder
enough	genoeg	fast	snel
entire	heel	father	de vader
equal	gelijk	fault	de fout
equally	even	feast	het feest
errand	de boodschap	February	februari
escape, to	ontsnappen	feel, to	voelen
even (*adv.*)	zelfs	feeling	het gevoel (pl: de gevoelens)
evening	de avond		
evening, in the	's avonds		
ever (= always)	steeds	ferry	de veerboot
		festive	feestelijk
everything	alles	fetch, to	halen
everywhere	overal	few	weinig
except	behalve	few, a	enkele, een paar
exit	de uitgang		
expensive	duur	fiancé(e)	de verloofde
explanation	de uitleg	fiery	vurig
export article	het uitvoer-produkt	fifty	vijftig
		fight, to	vechten

figure	het getal	food	het eten, het
fill, to	vullen		voedsel
fill (a pipe), to	stoppen	foodstuffs	de levens-
finally	tenslotte		middelen
find, to	vinden;	foot	de voet
	aantreffen	for (reason)	want
finder	de vinder	for	voor
fine	mooi	force	de kracht
fire	het vuur	foreign	vreemd,
firm	stevig		buitenlands
first	eerst	foreground	de voorgrond
fish	de vis	forehead	het voorhoofd
fish, to	vissen	foremost	de/het voorste
fishing boat	het	forest	het bos, het
	vissersschip		woud
five	vijf	fork	de vork
fix, to	vastmaken	form, to	vormen
flag	de vlag	former(ly)	vroeger
flame	de vlam	fortunately	gelukkig
flat	plat, vlak	forty	veertig
flaw	de fout	forward	vooruit
flee, to	vluchten	fountain	de fontein
flesh	het vlees	four	vier
flight	de vlucht	freighter	het vrachtschip
float, to	drijven	fresh	fris, vers
floor (=	de verdieping	Friday	vrijdag
storey)		friend	de vriend
florin	de gulden	from (out of)	vanuit, vanaf
flow, to	stromen	front	de voorkant
flower	de bloem	front of, in	van voren
flower, to	bloeien	front one	de/het voorste
fly, to	vliegen	fugitive	de vluchteling
fly (= flee), to	vluchten	fruit (in	
fly (of flag), to	wapperen	general)	het fruit
foam	het schuim	fruit	de vrucht
fo'c'sle	het voorschip,	full	vol
	het logies	funnel (of	de schoorsteen
follow, to	volgen	ship)	
following	het volgend(e)	further	verder

G

garden	de tuin
gardener	de tuinman
gate(s)	de poort
gay	vrolijk
gently	zachtjes
get (= become), to	raken
get up, to	opstaan
girder	de balk
girl	het meisje
give, to	geven
give back, to	teruggeven
glad	blij
glance	de blik
glass	het glas
glass, of	glazen
glass (blowing) works	de glasblazerij
gleam, to	blinken
glide, to	glijden
go, to	gaan
go away, to	weggaan
go off (alarm-clock), to	aflopen
goat cart	de bokken-wagen
gold	het goud
gone	weg
good	goed
good-looking	knap
goods	de goederen
grain	het graan
grape	de druif
grass	het gras
great	groot
great-grand-father	de overgroot-vader
green	groen
greeting	de groet
grey	grijs
grocer	de kruidenier
grocer's shop	de kruideniers-winkel
groceries	de kruideniers-waren
ground	de grond
grow, to	groeien
guilder	de gulden
gull	de meeuw
gun	het geweer
gunpowder	het kruit

H

hair	het haar
hair-dresser	de kapper
ham	de ham
hammer, to	hameren
hand	de hand
handkerchief	de zakdoek
happen, to	gebeuren
harbour	de haven
hard	hard
hardly	nauwelijks
hare	de haas
harm	het kwaad
hat	de hoed
have to, to	moeten
head	het hoofd; de kop
headmaster (village school)	de boven-meester
healthy	gezond
heap	de hoop
hear, to	horen
hearth	de haard

hearty	hartig	house	het huis
heavy	zwaar	household	het
help, to	helpen		huishouden
help, with the	met behulp	how?	hoe?
– of	van	how many?	hoeveel?
her	haar	how much?	hoeveel?
herb	het kruid	hundred	honderd
here	hier	hunt	de jacht
herring	de haring	hunt, to	jagen
hidden	verborgen	hurricane	de orkaan
high	hoog	hussar	de huzaar
him(self)	zich		
hindquarters	het achterlijf	**I**	
hire	de huur		
hire, to	huren	imagine, to	zich
his	zijn		voorstellen
hit (with gun),		immediately	dadelijk
to	raken	impatient	ongeduldig
hold (of ship)	het ruim	impression	de indruk
hold, to	houden	in	in
hole	de kuil	incredible	ongelooflijk
holiday(s)	de vakantie	indicate, to	aangeven
Holland	Holland,	inhabit, to	bewonen
	Nederland	inhabitant	de bewoner
home (=		ink	de inkt
homeward)	naar huis	inland	binnenlands
honeycake	de ontbijtkoek	inside	binnen
honour	de eer	interesting	interessant
hope	de hoop	invisible	onzichtbaar
horizon	de horizon	iron	het ijzer
horse	het paard	iron, of	ijzeren
horseback, on	te paard		
horse doctor	de paarde-	**J**	
	dokter		
horseman	de ruiter	jam	de jam
hot	warm	January	januari
hotel	het hotel	jar	het potje
hour	het uur	jet plane	het straal-
house	het huis		vliegtuig

journey	de reis	laugh, to	lachen
journey, on a	op reis	laughter	de lach
jug	de kruik, de kan	laurel branch	de lauwertak
		laurels	de lauweren
July	juli	lay, to	leggen
jump, to	springen	layer	de laag
June	juni	lead, to	leiden, aanvoeren
just like	net als		
		leader	de aanvoerder
K		leaf	het blad
		least, at	minstens
key (of machine)	de toets	leave, to	vertrekken
		leave behind, to	achterlaten
kiss	de zoen, de kus		
		leave, to take	afscheid nemen
knife	het mes		
knock	de stoot	left, on or to the	links
knock, to	aankloppen		
know, to	weten	left hand (adj.)	linker-
know (be acquainted with), to	kennen		
		leg	het been
		length of, a	een eind
		length of, a short	een eindje
L			
		let down, to	neerlaten
label	het etiket	letter	de brief
ladder	de ladder	lid	het deksel
laden	volgeladen	lie, to	liggen
land	het land	life	het leven
land, to	terechtkomen, landen	lift up, to	oplichten
		light	het licht
landscape	het landschap	light, to	aansteken
language	de taal	light blue	lichtblauw
large	groot	like, to	houden van
last	de/het laatste	lime	de kalk
last, at	eindelijk	limit oneself to, to	zich bepalen tot
last, to	duren		
late	laat	linen	het linnen
laugh	de lach	listen to, to	luisteren naar

little, a	een beetje	March	maart
live (= dwell), to	wonen	market	de markt
		market dues	het staangeld
live (= exist), to	leven	market square	het marktplein
lively	levendig	marry, to	trouwen (met)
load, to	laden	mast	de mast
loaf	het brood	match	de lucifer
loft	de zolder	matchbox	het lucifers-
long	lang		doosje
long run, in the	op den duur	mate (= ship's officer)	de stuurman
look at, to	kijken naar	material	de stof, het goed
loose	los	May	mei
loot	de buit	may	cf. *to be allowed*
lorry	de lorrie		
lose, to	verliezen	meal	de maaltijd
lost	kwijt	meat	het vlees
loudspeaker	de luidspreker	medicine	de medicijn
lovely	heerlijk	meet (from a train), to	afhalen
low	laag	melt, to	smelten
luck (= good luck)	het geluk	member	het lid
lucky	gelukkig	merchant	de koopman, de handelaar
luggage	de bagage		
		middle	het midden
M		in the middle of	middenin
mad	gek	mighty	machtig
mahogany	het mahonie-hout	mile	de mijl
		milk	de melk
make, to	maken	minute	de minuut
man	de man	mirror	de spiegel
managers	de directie	miss, to	missen
manner	de manier	mistake	de fout
mantelpiece	de schoorsteen-mantel	modern, in a modern way	modern
many	veel	moment	het ogenblik

Monday	maandag	neatly	netjes
money	het geld	neck	de hals
month	de maand	need, to	nodig hebben
moon	de maan	neigh, to	hinniken
more	meer	neighbour	de buurman,
moreover	bovendien		de
morning	de morgen, de		buurvrouw
	ochtend		(pl: de
morning, in	's morgens		buren)
the		neighbourhood	de buurt
most	meest	neighing	het gehinnik
mother	de moeder	nephew	de neef
motor	de motor	Netherlands,	Nederland,
motor-vessel	het motorschip	The	Holland
mouth	de mond	new	nieuw
move, to	bewegen	new-fangled	nieuwerwets
move (house),		news	het nieuws
to	verhuizen	newspaper	de krant
movement	de beweging	nice	aardig
much	veel	nice (to eat)	lekker
much, too	te veel	niece	de nicht
mudguard	het spatbord	night (=	
music	de muziek	evening)	de avond
must	cf. *to have to*	night	de nacht
mustard	de mosterd	night (=	
my	mijn	evening), at	's avonds
		night, at	's nachts
		nine	negen
N		ninety	negentig
nail	de nagel	noise	het leven
nailbrush	de	noisy	rumoerig
	nagelborstel	no!	nee!
namely	namelijk, en	no (= not	geen
	wel	any)	
napkin	het servet	nonsense	de onzin
narrow	nauw, smal	not	niet
natural(ly)	natuurlijk	notary (public)	de notaris
near	bij, nabij	nothing	niets
near by	vlak bij	notice	het bordje

notice, to	bemerken
November	november
now	nu
number of	het aantal
nursery	de kinderkamer

O

oak	de eik
oak (wood)	het eikenhout
oak, made of	eikenhouten
object	het voorwerp
objection	het bezwaar
October	oktober
odour	de geur
of	van
offer, to	aanbieden
office	het kantoor
oil	de olie
old	oud
old-fashioned	ouderwets
on	op; aan
on him	bij zich
on and on	al maar door
once	eenmaal
one (not the number)	men
one (= 1)	een, één
only	pas; enig
open	open
open, to	openen, open doen
operation	de operatie
or	of
orange (adj.)	oranje
orange (n.)	de sinaasappel
orchestra	het orkest
orderly	ordelijk

ordinary	(dood)gewoon
other	ander
other side (across)	de overkant
our	ons, onze
oven	de oven
over	over
overboard	overboord
overgrown	begroeid
own	eigen

P

pack, to	pakken
packet	het pakje
pail	de emmer
pain	de pijn
pair	het paar
pale	bleek
paper	het papier
parents	de ouders
park	het park
part	het deel
part of	een deel van
parting	het afscheid
passenger	de passagier
passport	het paspoort
past (time)	geleden
past (place)	voorbij
past	het verleden
pastrycook	de banket- bakker
pay, to	betalen
peaceful	rustig
pear	de peer
peasant	de boer
pedestrian	de voetganger
pen	de pen
pencil	het potlood

penknife	het zakmes	ponder, to	peinzen
people	men	porridge	de pap
people, to	bevolken	portcullis	de valpoort
perhaps	misschien	possible	mogelijk
persevere, to	volharden	post	de paal
persist, to	volhouden	postman	de brieven-
petrol	de benzine		besteller
phoenix	de feniks	post up, to	aanplakken
pick up, to	opnemen,	pour, to	schenken
	oprapen	power	de kracht
picnic	de picknick	practically	vrijwel
piece	het stuk	press, to	persen
pile	de stapel	previous	vorig
pilot	de piloot	pride	de trots
pink	rose	probably	waarschijnlijk
pipe	de pijp	product	het produkt
pistol	het pistool	promenade	de boulevard
pit	de kuil	promise, to	beloven
place	de plaats	prosperous	voorspoedig
plain	eenvoudig;	proud	trots
	doodgewoon	proverb	het spreek-
plane	het vliegtuig		woord
plank	de plank	purple	paars
plant	de plant	pursue, to	achtervolgen
plant, to	planten	push	de duw
plate	het bord	push, to	duwen;
platform	het perron		dringen
play, to	spelen	push in, to	binnendringen
pleasant(ly)	prettig; lekker	put, to	zetten; doen;
pleasure, with	graag		stoppen;
pocket	de zak		steken
poker	de pook	put down, to	neerzetten
Poland	Polen	put to flight,	op de vlucht
Pole	de Pool	to	jagen
pole	de paal	pyjamas	de pyjama
police	de politie		
policeman	de agent		
polish, to	poetsen	**Q**	
pond	de vijver	quantity	de hoeveelheid

quarter of an hour	het kwartier
quarter past	kwart over
quarter to	kwart voor
quay	de kade
quench, to	lessen
question	de vraag
question (= matter)	de kwestie
quick(ly)	vlug, gauw, snel
quiet	stil, rustig

R

rabbit	het konijn
rack	het rek
rail (hand-)	de leuning
rain	de regen
rain, to	regenen
rather	nogal
razor	het scheermes
razor-blade	het scheermesje
reach, to	reiken
read, to	lezen
ready	klaar
ready-made tailor's	de confectie-zaak
real(ly)	echt; werkelijk
receipt	het reçu
reception desk (airport)	de balie
reckon, to	berekenen
recognise, to	herkennen
red	rood
refugee	de vluchteling
remain, to	blijven

request, to	verzoeken
resist, to	weerstaan
rest, to	rusten
restaurant	het restaurant
return, to (give back)	teruggeven
ribbon	het lint
rich	rijk
ride	de rit
ride, to	rijden
right, on or to the	rechts
right hand (adj.)	rechter-
rinse, to	spoelen
ripple, to	kabbelen
rise, to	stijgen
rise (of storm), to	opsteken
road	de weg
roar, to	brullen
rockery	de rotstuin
roll	de rol
roll, to	rollen
roll (on waves), to	dobberen
roll up, to	oprollen
roof	het dak
room	de kamer, het vertrek
roomy	ruim
rough	ruw
round	om
round (= circular)	rond
row	de rij
rowing-boat	de roeiboot
rubbish	de rommel
rudder	het roer

run (= flow), to	stromen
run, in the long	op den duur
runway	de startbaan
rush hour	het spitsuur
Russia	Rusland

S

sad	treurig
safe (n.)	de brandkast
safety	de veiligheid
sail	het zeil
sail (= go), to	varen
sailcloth	het zeildoek
sailing vessel	het zeilschip
sailor	de zeeman, de matroos
sally	de uitval
salt	het zout
same	dezelfde, hetzelfde
sample	het monster
sand	het zand
sandwich bar	de broodjes- winkel
satisfied with	tevreden met
Saturday	zaterdag
sauce	de saus
sausage	de worst
say, to	zeggen
scene	het toneel
scratch	de kras
sea	de zee
sea captain	de zeekapitein
seagull	de meeuw
seal, to	verzegelen
sealing wax	de zegellak

search, to	zoeken
seat (of chair)	de zitting
secondhand	tweedehands
see, to	zien
seek, to	zoeken
seem, to	schijnen
sell, to	verkopen
September	september
serious(ly)	ernstig
settle, to	intrek nemen
seven	zeven
seventy	zeventig
shake, to	schudden
shallow	ondiep
shape, to	vormen
sharp	scherp
shave, to	zich scheren
shaving-foam	het scheer- schuim
sheet	het laken
shelf	het plankje
shine, to	schijnen, schitteren, blinken
ship	het schip
ship-broker	de cargadoor
shipwreck	de schipbreuk
shipwrecked, to be	schipbreuk lijden
shoot, to	schieten
shop	de winkel
shop, to	winkelen
shopping	de inkopen
shopping, to do the	boodschappen doen
short	kort
shortly	straks
shot	het schot
shot (=.pellets)	de hagel

shrimp	de garnaal
shut	gesloten
shut, to	dichtdoen
shut off, to	afsluiten
shutter	het blind
side	de kant, de zijde
sides, on both	aan weerszijden
sideboard	het buffet
signet ring	de zegelring
signpost	de wegwijzer
silence	de stilte
silver	het zilver
simple	eenvoudig
sing, to	zingen
single (=unmarried)	ongetrouwd
sister	de zuster
sit, to	zitten
sitting-room	de zitkamer
six	zes
sixty	zestig
sky	de hemel, de lucht
sleep	de slaap
sleep, to	slapen
slice	het sneetje
slice of bread and butter	de boterham
slide, to	glijden
small	klein
smell, to	ruiken
smelt, to	smelten
smile	de glimlach
smoke, to	roken
snow	de sneeuw
snow, to	sneeuwen
so	zo

soap	de zeep
soda	de soda
soft	zacht
softly	zacht, zachtjes
soldier	de soldaat
some	wat; enig
something	wat; iets
somewhat	een beetje
somewhere	ergens
son	de zoon
soon	weldra; straks
soon as, as	zodra
south	het zuiden
space	de ruimte
spacious	ruim
spade	de schop
spare room	de logeerkamer
sparkle, to	fonkelen, schitteren
special	bijzonder
spend (bullets), to	verschieten
spend (time), to	doorbrengen
spirits (= drink)	de sterke drank
splash, to	spatten
splendid	prachtig
splinter (of glass)	de scherf
sponge	de spons
spot	de plek
spreading	breedge-kruind
spring (water)	de bron
square (in town)	het plein
stag	het hert

stairs	de trap
stall	de kraam
stamp, to	afstempelen
stand, to	staan; zijn
stately	deftig
station	het station
stay, to	logeren
steam	de stoom
steel	het staal
steeple	de toren
stern (of ship)	het achterschip
stern door or – hatchway	het achterluik
stick, to	plakken
stick (= small bar)	het staafje
stick out, to	uitsteken
still (= quiet)	stil
still (= yet)	nog, nog steeds
stomach-ache	de buikpijn
stone (= pip)	de pit
stone	de steen
stool	de kruk
stop, to	stoppen
store-room	het magazijn
storey	de verdieping
storm	de storm
story	het verhaal
straight (in front of)	vlak voor
strange	vreemd
stranger	de vreemde-ling
(perfect –)	(de wild-vreemde)
straw	het stro
street	de straat
strike root, to	wortelen

stripe	de band
stroll, to	drentelen
strong	sterk
study, to	studeren
stuff	de stof
stumble, to	struikelen
stupid	dom
succeed, to	gelukken
such as	zoals
suddenly	plotseling
suit (of clothes)	het pak
summer	de zomer
summer, in	's zomers
sun	de zon
Sunday	zondag
surrender, to	afgeven
surrounded	omringd
sweet	zoet
sweets	het snoepgoed
sweetshop	de snoepwinkel
swim, to	zwemmen

T

table	de tafel
tablecloth	het tafellaken; het tafelkleed
tailor's, ready-made	de confectie-zaak
take, to	nemen, aannemen
take leave, to	afscheid nemen
take off, to	afnemen
talk, to	praten

tall	hoog	time, at the	destijds
tap	de kraan	time, in	op tijd
tax	de belasting	time (=	
tea	de thee	occasion)	de keer
tear(drop)	de traan	tired	moe, moede
tear, to	scheuren	tiring	vermoeiend
telephone	de telefoon	to and fro	heen en weer
tell, to	vertellen	tobacco	de tabak
tempt, to	lokken	tobacconist's	de sigaren-
ten	tien		winkel
tepid	lauw	tobacconist's	de
terrible	vreselijk	goods	rookartikelen
thaw, to	dooien	together	samen
their	hun	tomorrow	morgen
then	toen, dan	tongs	de tang
there	daar; er	too (= very)	te
therefore	dus	tooth	de tand
thermometer	de	toothbrush	de tanden-
	thermometer		borstel
thick	dik	toothpaste	de tandpasta
thing	het ding	top hat	de hoge hoed
think, to	denken	top, at the	bovenaan
thirst	de dorst	toss (on	
thirsty, to be	dorst hebben	waves), to	dobberen
thirteen	dertien	totter	wankelen
thirty	dertig	touch (= hit),	
this	dit, dat	to	raken
thought	de gedachte	toward	naartoe, naar
thousand	duizend		. . . toe
three	drie	towel	de handdoek
through	door	tower	de toren
throw, to	gooien,	town	de stad
	werpen	town gate	de stadspoort
throw away, to	weggooien	town hall	het stadhuis
Thursday	donderdag	tractor	de tractor
ticket	het kaartje	trade	de handel
tide	het getij	traffic	het verkeer
timber yard	de timmerwerf	trailer	de aanhang-
time	de tijd		wagen

train	de trein	use, to	gebruiken
trample, to	vertrappen	use up, to	
travel, to	reizen	(ammunition)	verschieten
traveller	de reiziger	useful	nuttig
tree	de boom	usual	gewoon
tree top	de boomkruin		
trinket	de snuisterij	**V**	
troublesome	lastig		
true	waar	vain, in	tevergeefs
trunk	de koffer	valley	de vallei, het
try, to	proberen,		dal
	trachten	valuable	waardevol
Tuesday	dinsdag	value	de waarde
tug	de sleepboot	van	de vrachtauto,
turn	de beurt		de bestel-
turn off			wagen
(alarm-		vanish, to	verdwijnen
clock), to	afzetten	vegetable(s)	de groente
twelve	twaalf	veritable	werkelijk
twenty	twintig	very	heel
twice	tweemaal	vet	de veearts
twig	de twijg	via	via
two	twee	village	het dorp
typewriter	de schrijf-	violent	fel
	machine	violet	violet
		visit	het bezoek
U		visited	bezocht
ugly	lelijk	visitor	de bezoeker
umbrella	de paraplu		
uncle	de oom	**W**	
under	onder		
understand, to	verstaan	wait, to	wachten
unexpected	onverwacht	wait for, to	wachten op
unload	lossen	wake up, to	wakker
unmarried	ongetrouwd		worden
unroll	ontrollen	walk, to	wandelen,
until	tot		lopen
up and down	op en neer	walk on (and	
upside down	ondersteboven	on), to	dóórlopen

walk along with, to	meelopen met
wall	de muur, de wand
wall (= rampart)	de wal
want to, to	willen
war	de oorlog
ware(s)	de waar
warehouse	het pakhuis
warm	warm
wash, to	wassen
wash (oneself), to	zich wassen
washbasin	de wasbak
waste-paper basket	de prullenmand
water	het water
wave	de golf
way	de weg
way (= manner)	de manier
way, a little	een eindje
weather	het weer
weathercock	het haantje (van de toren)
Wednesday	woensdag
weigh, to	wegen
wet	nat
what?	wat?
what kind of?	wat voor?
when	als, wanneer; toen
whenever	wanneer
where?	waar?
which	die, dat
which?	welk?
while, a little	een poosje
whilst	terwijl

white	wit
whitewashed	witgekalkt
who?	wie?
whole	heel, geheel
wide	wijd, breed
wife	de vrouw
wild	wild
will	cf. *to want to*
wind (of road), to	kronkelen
wind	de wind
window	het raam
wine	de wijn
winter	de winter
winter, in	's winters
with	met
withdraw, to	terugtrekken
without	zonder
woman	de vrouw
wonder	het wonder
wonderful	wonderlijk
wood	het hout; het bos
wood, (made) of	houten
wood pigeon	de bosduif
wool	de wol
work	het werk
work, to	werken
workman	de werkman, de arbeider
works	de fabriek
workshop	het atelier
world	de wereld
wrench, to	rukken
write, to	schrijven

Y

yacht	het jacht

yard	90 cm	yield, to	opleveren
year	het jaar	young	jong
yellow	geel	younger	jonger
yes	ja, jawel	your	jouw, je; Uw
yet (= still)	nog		
yet (= all the same)	toch		

DUTCH–ENGLISH VOCABULARY

A

aan — at, on
aanbieden — to offer
aangeslagen — affixed
aangeven — to declare
aanhang- wagen, de — trailer
aankleden, zich — to dress (onself)
aankloppen — to knock
aankomen — to arrive
aanleggen — to aim
aannemen — to take, accept
aanplakken — to post up
aansteken — to light
aantal, het — number (of)
aantreffen — to find, come across
aanvoerder, de — leader, captain
aanvoeren — to lead, command
aanzienlijk — considerable
aarde, de — earth
aardewerk, het — earthenware
aardig — nice
ach! — oh! alas!
achter — behind, at the back of
achter, van — behind, at the back
achteraan — at the back
achtergrond, de — background
achterin — at the back (inside)

achterkant, de — back
achterlaten — to leave behind
achterlijf, het — hindquarters
achterluik, het — stern hatchway (or door)
achterschip, het — stern
achterste, de — back one
achtervolgen — to pursue
adresseerma- chine, de — addressograph
af en aan — backwards and forwards
afbraak, de — demolition
afgeven — to surrender (= hand in)
afgezien van — apart from
afhalen — to meet (from train, etc.)
afklimmen — to climb down
aflopen — to go off (alarm- clock)
afmeting, de — dimension
afnemen — to take off
afroepen — to announce
afscheid, het — parting
afscheid nemen — to take leave
afsluiten — to shut (off)
afstand, de — distance
afstempelen — to stamp
afzetten — to turn off (alarm)
agent, de — policeman

akelig	awful
al	already
al maar door	on and on
allemaal	all of us, you, them
allerlei	all sorts of
alles	all, everything
alles, dit	all this
als	like; when
altijd	always
amuseren, zich	to amuse (enjoy) oneself
ander	other
anders	different
antwoorden	to answer
apparaat, het	apparatus
appel, de	apple
april	April
arbeider, de	worker, workman
artikel, het	article
as, de	ash(es)
asbakje, het	ashtray
asla, de	ashpan
atelier, het	workshop
augustus	August
auto, de	car
avond, de	evening
avonds, 's	in the evening, at night
avontuur, het	adventure

B

baal, de	bale
baard, de	beard
bad, het	bath(e)
baden	to bath(e)

badkamer, de	bathroom
badpak, het	bathing-suit
bagage, de	luggage
baken, het	beacon
bakker, de	baker
bakkerij, de	bakery
bal, de	ball
balie, de	reception desk (airport)
balk, de	beam, girder
balkon, het	balcony
banaan, de	banana
band, de	band, stripe
banketbakker, de	pastrycook
bankpapier, het	banknotes
baron, de	baron
bed, het	bed
bedekken	to cover
bedje, het	small bed, cot
bedrag, het	amount
bedragen	to amount to
bedrieglijk	deceptive(ly)
bedrog, het	deception, deceit
beekje, het	brook
been, het	leg; bone
beetje, een	a little, somewhat
beginnen	to begin
begraven	to bury
begroeid	overgrown
behalve	except
behoren aan	to belong to
behulp van, met	with the help of
beide(n)	both
belasting, de	tax, duty

belastingvrij	duty free
beloven	to promise
bemerken	to notice
bende, de	band (of robbers, etc.)
beneden	downstairs
benedenaan	at the bottom
benevens	apart from
benzine, de	petrol
bepalen tot, zich	to limit oneself to
berekenen	to reckon
berekening, de	calculation
beroemd	famous
beschrijven	to describe
besluit, het	decision
besluiten	to decide
bespreken	to book
best	best
bestaan uit	to consist of
bestelwagen, de	delivery van
bestemming, de	destination
betalen	to pay
beuk, de	beech
beurt, de	turn
bevolken	to people
bewegen	to move
beweging, de	movement
bewonen	to inhabit
bewoner, de	inhabitant
bewoning, de	occupation
bezig	busy
bezocht	visited
bezoek, het	visit
bezoeker, de	visitor
bezwaar, het	objection

bier, het	beer
bij	near
bijl, de	axe
bijna	almost
bijzonder (bi'zɔndər)	special
bikini, de	bikini
binden	to bind
binnen	inside
binnendringen	to push (or shove) in
binnenkomen	to come in
binnenlands	inland
bitter	bitter
blad, het	leaf
blauw	blue
bleek	pale
blij	glad
blijkbaar	apparently
blijven	to remain
blik werpen, een	to throw a glance
blinden, de	shutters
blinken	to gleam, shine
bloeien	to flower
bloem, de	flower
bloembed, het	flower-bed
boegvizier, het	bow visor
boek, het	book
boekenstalletje, het	bookstall
boer, de	peasant, farmer
boerderij, de	farm
boerin, de	country woman, farmer's wife

bokkenwagen, de	goat cart
boodschap, de	errand
boodschappen doen	to do the shopping
boog, de	arc, curve
boomkruin, de	tree top
boord, aan	on board
boot, de	boat
bord, het	plate; (black) board
border, de	border
bos, het	wood, forest
bosduif, de	wood pigeon
boter, de	butter
boterham, de	slice of bread and butter
boulevard, de	promenade
bouwterrein, het	building site
boven	above
bovenaan	at the top
bovendien	moreover
bovenmeester, de	headmaster (village school)
brandewijn, de	brandy
brandkast, de	safe
breed	broad, wide
breedgekruind	spreading
breken	to break
brief, de	letter
brieven-besteller, de	postman
broer, de	brother
bromfiets, de	motorised bicycle
bron, de	spring (water)
brood, het	bread; loaf
broodjes-winkel, de	sandwich bar
broodplank, de	bread-board
broodschaal, de	bread-dish
brug, de	bridge
bruin	brown
brullen	to roar
brutaal	bold
buffet, het	sideboard
buikpijn, de	stomach-ache
buit, de	booty, loot
buitenlands	foreign
buitenmensen, de	country folk
buitmaken	to capture
buren	neighbours
bus, de	bus, coach
buurman, de	neighbour (man)
buurt, de	neighbourhood
buurvrouw, de	neighbour (woman)

C

café, het	café
carbid, het	carbide
cargadoor, de	ship-broker
centenbak, de	collecting box
centrum, het	centre
chocola(de), de	chocolate
cipres, de	cypress
commissaris, de	chief inspector
conducteur, de	conductor

confectiezaak, de — ready-made tailor's
contrôle, de — control
crocus, de — crocus

D

daar — there
daarna — after that
dadelijk — immediate(ly)
dag, de — day
dagelijks — daily
dak, het — roof
dan — then
dapper — brave
datum, de — date
december — December
deel, het — part
deftig — stately
dek, het — deck
deken, de — blanket
deksel, het — lid
denken — to think
destijds — in the past, at the time
deur, de — door
dezelfde — same
dicht bij — close to
dichtdoen — to shut, close
dichtschuiven — to draw (curtains)
dief, de — thief
diep — deep
dier, het — animal, living creature
dik — thick
dinsdag — Tuesday
direct — direct(ly)
directie, de — managers

dobberen — to roll, toss (on waves)
dochter, de — daughter
doen — to do
dof — dull
dokter, de — doctor
dom — stupid
donderdag — Thursday
donkerblauw — dark-blue
doodgewoon — ordinary, plain
doodvonnis, het — death-sentence
doof — deaf
dooien — to thaw
door — through
doorbrengen — to spend (time)
doorlopen — to walk on
doorslag, de — carbon copy
doorstrepen — to cross out
doos, de — box
dorp, het — village
dorst, de — thirst
dorst hebben — to be thirsty
draaiorgel, het — barrel organ
dragen — to carry; to wear
drank, de — drink, liquor
de sterke – — spirits
drentelen — to saunter, stroll
drijven — to float
dringen — to crowd
drinkbakje, het — drinking-bowl
drinken — to drink
drogen, zich — to dry oneself
dromen — to dream
dronken — drunk

droog	dry
droom, de	dream
druif, de	grape
druk	busy
drukkend	oppressive
dubbeltje, het	ten cent piece
duizend	(a) thousand
dun	thin
duren	to last
dus	therefore
duur	expensive
duur, op den	in the long run
duw, de	push
duwen	to push
dwars door	right across

E

echt	real
echter	however
eenmaal	once
eentje	someone
eenvoudig	plain, simple
eer, de	honour
eerst	first
eetkamer, de	dining-room
eeuw, de	century
ei, het	egg
eigen	own
eigenaar, de	owner
eigenlijk	actual, real(ly)
eik, de	oak (tree)
eikenhout, het	oak (wood)
eikenhouten	(made of) oak
eind, het	end
eind, een	an end, a length
eindelijk	at last

eindeloos	endless
eindje, een	a short length of; a little way
el, de	ell (Dutch yard)
elastiek, het	elastic
elk	each
elkaar	each other
emmer, de	pail, bucket
en	and
Engeland	England
Engels	English
enig	any; some; only
enkele	a few
enorm	enormous
er	there
erg	very
ergens	somewhere
ernstig	serious(ly)
étage, de	floor, storey
etalage, de	shop window
eten	to eat
eten, het	food
etiket, het	label
even	equally
evenwel	however
exotisch	exotic

F

fabriek, de	factory, works
fantasierijk	imaginative, inventive
februari	February
feest, het	feast
feestelijk	festive
fel	violent

feniks, de	phoenix	gek	mad
fiets, de	bicycle	gekleurd	coloured
fietsen	to cycle	gelakt	lacquered,
fietsenstalling,			enamelled
de	bicycle garage	geld, het	money
fles, de	bottle	geldstuk, het	coin
fluisteren	to whisper	geleden	past
fluweel, het	velvet	gelegen	situated
fonkelen	to sparkle	gelijk	equal
fontein, de	fountain	geloven	to believe
forceren	to force	geluidloos	soundless
	(open)	geluk, het	(good) luck
foto, de	photograph	gelukken	to succeed
fout, de	fault, flaw,	gelukkig	lucky, luckily;
	mistake		happy,
fris	fresh		happily
fruit, het	fruit (in	gelukwensen	to congratulate
	general)	gemakkelijk	easy, easily
		gemeente, de	municipality
		genieten	to enjoy
G			(oneself)
gaan	to go	genoeg	enough
gang, de	corridor,	gerookt	smoked
	passage	gesloten	shut, closed
gangbaar	current	getal, het	figure, number
garnaal, de	shrimp	getij, het	tide
gat, het	hole	getrouwd	married
gauw	quick(ly)	geur, de	odour
gebeuren	to happen	gevaar, het	danger
gebouw, het	building	gevaarlijk	dangerous
gebruiken	to use	geval, het	affair, business
gedachte, de	thought	gevel, de	façade; outside
geel	yellow		wall
geen	no, not any	geven	to give
gefladder, het	fluttering	gevoel, het	
geheel	whole, entire	(*pl*. de	
geheim, het	secret	gevoelens)	feeling
geheimzinnig	mysterious	gewaad, het	robe, garb
gehinnik, het	neighing	geweer, het	gun, rifle

gewei, het	antlers	gulden, de	guilder, florin
gewoon	ordinary, usual		
gezelschap, het	company	**H**	
gezicht, het	face	haantje, het	(weather) cock
gezond	healthy	haar	her
gilde, het	guild	haar, het	hair
glans, de	gleam	haard, de	hearth
glanzend	gleaming, shiny	haas, de	hare
		hagel, de	shot, pellets
glas, het	glass	hal, de	hall
glasblazerij, de	glass-blowing works	halen	to fetch
		hals, de	neck
glazen	(of) glass	ham, de	ham
glijden	to glide	hameren	to hammer
glimlach, de	smile	hand, de	hand
goed	good	handdoek, de	towel
goed, het	material	handel, de	trade; shop
goederen, de	goods	handelaar, de	merchant, dealer
goedkoop	cheap		
golf, de	wave	hangslot, het	padlock
gooien	to throw	hard	hard; fast
gordijn, het	curtain	haring, de	herring
goud, het	gold	harken	to rake
graag	with pleasure	haven, de	harbour
graan, het	grain, wheat	heel (*adj.*)	whole, entire
gracht, de	(town) canal	heel (*adv.*)	very
gras, het	grass	heel wat	a good deal
graven	to dig	heen	toward
grijs	grey	heen en weer	to and fro
groeien	to grow	heerlijk	lovely
groen	green	hek, het	gate
groente, de	vegetable(s)	helaas	alas
groet, de	greeting; farewell	helder	bright, clear
		helderwit	pure white
grommen	to grunt	helemaal	altogether
grond, de	ground	helpen	to help
groot	large, great, big	hemel, de	sky
		herfst, de	autumn

herkennen	to recognise
hert, het	stag, deer
heten	to be called
hetzelfde	same
hier	here
hinniken	to neigh
hoe?	how?
hoed, de	hat
hoed, de hoge	top hat
hoegenaamd	whatever, absolutely
hoek, de	corner
hoera	hurrah
hoeveel?	how much? how many?
hoeveelheid, de	quantity
Holland	Holland, The Netherlands
Hollands	Dutch
hond, de	dog
hoofd, het	head
hoofdstad, de	capital (= city)
hoofdstedelijk	metropolitan
hoog	high, tall
hoogstwaar-schijnlijk	very probably
hoogte, de	height
hoop, de	heap; hope
hopelijk	with luck
hopen	to hope
horen	to hear
horizon, de	horizon
hotel, het	hotel
houden	to hold
houden van	to like
hout, het	wood
houten	wooden

huilen	to cry, weep
huis, het	house
huis, naar	home(ward)
huishoudelijk	domestic
huishouden, het	household
hun	their
huur, de	hire, rent
huzaar, de	hussar

I

idylle, de	idyll
iedereen	everybody
iets	something
ijzer, het	iron
ijzerdraad, het	(iron) wire
ijzeren	(of) iron
in	in
inbraak, de	burglary
inbreken	to burgle
inbreker, de	burglar
indruk, de	impression
ingericht	arranged
ingezetene, de	inhabitant
inhoud, de	contents
inkopen doen	to do the shopping
inkt, de	ink
instapkaart, de	boarding pass
instellen	to institute
interessant	interesting
intrek nemen	to put up, settle

J

ja	yes
jaar, het	year
jacht, de	hunt

jacht, het	yacht	keer, de	time, occasion
jagen	to hunt, chase	kei, de	cobble
jam, de	jam	kelder, de	cellar
januari	January	kennen	to know, be
jas, de	coat		acquainted
jawel	yes, certainly		(with)
jong	young	kerk, de	church
jongelui, de	young people	kerkhof, het	churchyard
jongen, de	boy	kers, de	cherry
jonger	younger	kerseboom, de	cherry-tree
jouw	your	kersepit, de	cherry-stone
		keurig	neat
K		kiezen	to choose
		kijken naar	to look at
kaal	bare	kind, het	child
kaars, de	candle	kinderkamer,	
kaartje, het	ticket	de	nursery
kaas, de	cheese	kist, de	(packing) case
kabbelen	to ripple	klaar	ready
kachel, de	stove	klant, de	customer
kade, de	quay	kledingzaak,	clothes shop
kajuit, de	cabin	de	
kalk, de	lime	kleermaker,	tailor
kalm	calm	de	
kam, de	comb	klein	small
kamer, de	room	kleren, de	clothes
kamp, het	camp	klerk, de	clerk
kanaal, het	canal	kleur, de	colour
kan, de	jug	kleurig	colourful
kanarie, de	canary	kleurrijk	colourful
kans, de	chance	klok, de	clock
kant, de	side	knap	good-looking;
kantoor, het	office		clever
kapper, de	hairdresser	knoop, de	button
kapseizen	to capsize	knop, de	knob
kar, de	cart	koe, de	cow
karretje, het	barrow	koekje, het	biscuit
kat, de	cat	koeloven, de	cooling
katoen, het	cotton		chamber

koffer, de	bag, case, trunk	kruk, de	stool
		kuil, de	pit, hole
kogel, de	bullet	kunnen	to be able (= can)
kok, de	chef		
kolen, de	coal	kurk, de	cork
komen	to come	kurketrekker, de	corkscrew
konijn, het	rabbit		
kooi, de	cage; bunk	kust, de	coast
koop, te	for sale	kwaad	angry
koopje, het	bargain	kwaad, het	harm
koopman, de	merchant	kwaad kunnen, geen	to do no harm
kop, de	head (of animal)		
		kwart over	a quarter past
kopen	to buy	kwart voor	a quarter to
koper, het	brass, copper	kwartier, het	quarter of an hour
koperwerk, het	brasswork		
		kwartje, het	25 cent piece
koren, het	corn, wheat	kwestie, de	question, matter
kort	short		
kostbaar	valuable	kwijt	lost
kosten	to cost		
koud	cold		
kraam, de	stall	**L**	
kraan, de	tap		
kracht, de	force, power	laag	low
krant, de	newspaper	laag, de	layer
kras, de	scratch	laan, de	avenue
krijgen	to receive, get	laat	late
kris-kras	criss-cross	laatje, het	till
krom	crooked	laatste, de/het	last
kronkelen	to wind (of road)	lach, de	laugh(ter)
		lachen	to laugh
kruid, het	herb	ladder, de	ladder
kruidenier, de	grocer	laden	to load
kruideniers- winkel, de	grocer's shop	lading, de	cargo
		laken, het	sheet (on bed)
kruik, de	jug	land, het	land, country
kruis, het	cross	landen	to land
kruit, het	gunpowder	landhuis, het	country house

landschap, het	landscape	lijst, de	list
lang	long	linker	left hand
langs	along		(*adj.*)
lastig	troublesome,	links	on *or* to the
	difficult		left
lauw	tepid	linnen, het	linen
lauweren, de	laurels	lint, het	ribbon
lauwertak	laurel branch	listig	cunning
leeg	empty	livrei, de	livery
leggen	to lay	logee, de	guest
leiden	to lead	logeerkamer,	spare room
lekker	nice (to eat)	de	
lelijk	ugly	logies, het	fo'c'sle
lengte, de	length	lokaal, het	room (not a
lente, de	spring (season)		living room)
lepel, de	spoon	loket, het	booking office
lessen	to quench	lokken	to tempt,
lessenaar, de	desk		charm
leuning, de	rail(ing),	loop, de	barrel (of gun)
	banister	lopen	to walk
leuningstoel,	armchair	lorrie, de	lorry
de		los	loose
leven	to live	losraken	to get free
leven, het	noise; life	lossen	to unload
levendig	lively	lucht, de	air, sky
levensmiddelen,		luchthaven, de	airport
de	foodstuffs	luchtreis, de	journey by air
lezen	to read	lucifer, de	match
licht, het	light (*n.*)	lucifersdoosje,	
lichtblauw	light-blue	het	matchbox
lichtend	luminous	luidspreker, de	loudspeaker
lid, het	member	luisteren naar	to listen to
lief	dear, sweet	lukken	to succeed
liever	rather		
liggen	to lie	**M**	
ligstoel, de	deck-chair	maaksel, het	(the) make
lijken	to seem	maaltijd, de	meal
lijken op	to look like	maand	month
lijn, de	line	maandag	Monday

maar	but
machine, de	machine, engine
machtig	mighty
magazijn, het	store room(s)
mahoniehout, het	mahogany
maken	to make
makkelijk	easy, easily
man, de	man
mand, de	basket
manier, de	way, manner
mantel, de	cloak
markt, de	market
marktlui, de	market folk
marktplein, het	market square
mast, de	mast
medicijn, de	medicine
meelopen met	to walk along with
meer	more
meest	most
meeuw, de	sea gull
mei	May
meisje, het	girl
melk, de	milk
melkboer, de	milkman
men	people, one
menie, de	red-lead
mensen, de	people
merken	to mark
mes, het	knife
met	with
meubel, het	piece of furniture
middag, de	afternoon
middags,'s	in the afternoon
midden, het	middle

middenin	in the middle of
mijl, de	mile
mijn	my
mikken	to aim
minstens	at least
minuut, de	(the) minute
misschien	perhaps
missen	to miss
modern	(in a) modern (way)
moe, moede	tired
moed, de	courage
moeder, de	mother
moedig	courageous
moeilijk	difficult
moeite, de	trouble
moeten	to have to, must
mogelijk	possible
mogen	to be allowed to, may
mond, de	mouth
monster, het	sample
mooi	fine; well
morgen, de	morning
morgen	tomorrow
morgens,'s	in the morning
mos, het	moss
mosterd, de	mustard
motor, de	motor
motorschip, het	motor-vessel
munt, de	coin
muur, de	wall
muziek, de	music

N

na	after

naaldboom, de	conifer
naar	to, toward
naartoe	toward(s)
naast	beside, at the side of
nabij	near
nacht, de	night
nachtelijk	nocturnal
nachts, 's	at night, during the night
nachtwaker, de	night watchman
nadenken	to reflect
nadruk, de	stress, emphasis
nagaan	to check
nagedacht	thought over
nagel, de	nail (of finger)
nagelborstel, de	nailbrush
namaken	to imitate
namelijk	namely
namiddag, de	afternoon
nat	wet
natuurlijk	natural(ly)
nauw	narrow
nauwelijks	hardly
nauwkeurig	accurate
Nederland	Holland, The Netherlands
Nederlands	Dutch
nee!	no!
neef, de	nephew; cousin
neerkletteren	to clatter down
neerlaten	to let down
neerzetten	to put down
nemen	to take
net als	just like
netjes	neatly
nicht, de	niece; cousin
niet	not
niets	nothing
nieuw	new
nieuwerwets	new-fangled
nieuws, het	news
nodig	necessary
nodig hebben	to need
noemen	to call, name
nog	yet, still
nog steeds	still
nogal	fairly, rather
nooit	never
noot, de	nut
notaris, de	notary (public)
november	November
nu	now
nummer, het	number
nuttig	useful

O

observatiedak, het	observation deck
ochtend, de	morning
oever, de	bank
of	or
ogenblik, het	moment
oktober	October
olie, de	oil
om	round (direction)
omdat	because
omgeven	to surround
omgooien	to upset
omhoog	up

omringd	surrounded	open	open
onder	under	opendoen	to open
ondersteboven	upside down	openwerpen	to throw open
onderzoek, het	investigation	operatie, de	operation
ondiep	shallow	opeten	to eat (up)
ongeduldig	impatient	opgetuigd	harnessed,
ongelooflijk	incredible		with
ongestoord	undisturbed		trappings
ongetrouwd	single,	opgeven	to state
	unmarried	opgewonden	excited
ongeveer	about	opleveren	to produce,
onheilspellend	ominous		yield
onmiddellijk	immediate(ly)	oprapen	to pick up
ons	our; us	oproep, de	call
ontbijt, het	breakfast	oprollen	to roll up
ontbijtkoek,	honeycake	opruimen	to clear away
de		opsparen	to save
ontbijtworst,	breakfast-	opstaan	to get up
de	sausage	opsteken	to rise (of
ontdekken	to discover		storm); to
ontrollen	to unroll		light (cigar-
ontsnappen	to escape		ette, etc.)
ontvangen	to receive	opstijgen	to rise
onverwacht	unexpected	orangerie, de	conservatory
onzichtbaar	invisible	oranje	orange
onzin, de	nonsense	ordelijk	orderly
oog, het	eye	orgelman, de	organ grinder
oogje, een – in	to keep a	orkaan, de	hurricane
't zeil	watchful eye	orkest, het	orchestra
houden		oud	old
ook	also	ouders, de	parents
oom, de	uncle	oven, de	oven
oord, het	place	over	over
oorlog, de	war	overal	everywhere
oorspronkelijk	original(ly)	overboord	overboard
op	on	overdag	during the day
op en neer	up and down	overgebleven	left over
opeens	at once,	overgroot-	great-
	suddenly	vader, de	grandfather

overkant, de — other side (across)
overmorgen — day after tomorrow
overtocht, de — crossing (of sea)
overzien — to survey

P

paal, de — post
paar, het — couple, pair
paar, een — a couple, a pair, a few
paard, het — horse
paard, te — on horseback
paars — purple
pad, het — path
pak, het — suit (of clothes)
pakhuis, het — warehouse
pakje, het — parcel
pakken — to pack
paling, de — eel
palm (boom), de — palm tree
pand, het — premises
pap, de — porridge
papier, het — paper
paraplu, de — umbrella
parfum, het — perfume
park, het — park
pas — only
paspoort, het — passport
passagier, de — passenger
peer, de — pear
peinzen — to ponder
pen, de — pen
perceel, het — premises

perron, het — platform
persen — to press
pijn, de — pain
pijp, de — pipe
piloot — pilot (of aircraft)
pistool, het — pistol
pit, de — stone, pip
plaats, de — place
plakkaat, het — proclamation, notice
plakken — to stick
plan, het — plan
plank, de — plank, shelf
plant, de — plant
planten — to plant
plat — flat
plataan, de — plane tree
platform, het — apron (airport)
platteland, het — (country)side
plegen — to commit
plein, het — square
plek, de — spot
plotseling — suddenly
pluche, de — plush
plus minus — approximately
poetsen — to polish
Polen — Poland
politie, de — police
pomp, de — pump
pook, de — poker
poort, de — gate(s)
poosje, een — a little while
populier, de — poplar
pot, de — pot
potje, het — jar
potlood, het — pencil
pracht, de — splendour
prachtig — splendid

prettig	pleasant
prieel, het	summer-house
proberen	to try
produkt, het	product, produce
prullenmand, de	waste-paper basket
pyjama, de	pyjamas

R

raam, het	window
raken	to touch; to hit
raken	to get (= become)
rechercheur, de	detective
rechter	right hand (*adj.*)
rechtop	straight, upright
rechts	on *or* to the right
reçu, het	receipt
reep, de	bar, strip
regen, de	rain
regenen	to rain
reiken	to reach
reis, de	journey, voyage
reizen	to travel
reiziger, de	traveller
rek, het	rack
rekening houden met	to take into account
rem, de	brake
ressorteren onder	to be in the district of

rest, de	rest
restant, het	remainder
restaurant, het	restaurant
retourkaartje, het	return ticket
richten, zich – tot	to address oneself to
rij, de	row (= series)
rijden	to ride
rijk	rich
rijtuig, het	carriage
rijzig	towering
rit, de	ride
rododendron, de	rhododendron
roeiboot, de	rowing boat
roepen	to call
roer, het	rudder, wheel
roerend eens	in perfect agreement
roerloos	immobile
roken	to smoke
rol, de	roll
rollen	to roll
romantisch	romantic
rommel, de	junk, rubbish
rommelig	rubbishy, untidy
rond	round
rondkijken	to look (a)round
ronken	to purr
rood	red
rookartikelen, de	tobacco, cigarettes, etc.
rose	pink
rots, de	rock
rotstuin, de	rockery

rug, de	back	schip, het	ship
ruiken	to smell	schipbreuk, de	shipwreck
ruim	roomy, spacious	schipbreuk lijden	to be shipwrecked
ruim, het	hold (of ship)	schitteren	to sparkle, shine
rúimte, de	space		
ruiter, de	horseman	scholen	to crowd
rukken	to wrench	schoon	clean; beautiful
rumoerig	noisy		
Rusland	Russia	schoonheid, de	beauty
rust, de	rest	schoonmaken	to clean
rusten	to rest	schoorsteen, de	funnel; chimney
rustig	quiet, peaceful		
ruw	rough	schoorsteen-mantel, de	mantelpiece
		schop, de	spade
S		schot, het	shot
		schouder, de	shoulder
samen	together	schrijfmachine, de	typewriter
saus, de	sauce		
schaal, de	dish	schrijven	to write
schaduw, de	shadow	schudden	to shake
schatrijk	wealthy	schuim, het	foam
scheepje, het	small ship	schuit, de	barge
scheermes, het	razor	schuiven	to push, shove
scheermesje, het	razor-blade	schuw	shy
		serre, de	greenhouse
scheerschuim, het	shaving-foam	servet, het	napkin
scheiden	to separate	sigaar, de	cigar
schemer, de	twilight	sigarenwinkel, de	tobacconist's
schenken	to pour		
scheren, zich	to shave	sigaret, de	cigarette
scherf, de	(glass) splinter	sinaasappel, de	orange
scherp	sharp		
scheuren	to tear	slaan	to beat
schieten	to shoot, fire	slaap, de	sleep
schijnen	to shine; to seem	slaap vallen, in	to fall asleep
schilder, de	painter	slaapkamer, de	bedroom

slag, de	blow
slager, de	butcher
slapen	to sleep
slecht	bad
sleepboot, de	tug
slepen	to drag
slim	clever
slingeren	to wind
sloependek, het	boat deck
slot, op	locked
sluis, de	lock, sluice
slurf, de	(telescopic) gangway
smal	narrow
smelten	to smelt; to melt
smid, de	(black)smith
sneetje, het	slice
sneeuw, de	snow
sneeuwen	to snow
sneeuwklokje, het	snowdrop
snel	fast
snijbrander, de	oxyacetylene cutter
snijden, (zich)	to cut (oneself)
snoepgoed, het	sweets
snoepwinkel, de	sweet-shop
snuisterij, de	trinket
soda, de	soda
soldaat, de	soldier
som, de	sum
soms	sometimes
spatbord, het	mudguard
spatten	to splash

spelen	to play
spiegel, de	mirror
spitsuren, de	rush hour
spoeden, zich	to hasten
spoelen	to rinse
spons, de	sponge
spoorweg, de	railway
spreekwoord, het	proverb
springen	to jump
sprookje, het	fairy-tale
spuitbus, de	(pressure) spray
spul, het	stuff
staafje, het	stick, bar
staal, het	steel
staan	to stand
staangeld, het	market dues
stad, de	town
stadhuis, het	town hall
stadspoort, de	town gate
stalen	(of) steel
stapel, de	pile
stappen	to step
startbaan, de	runway
statig	stately
station, het	station
steeds	ever
steeds maar weer	time and again
steen, de	stone
stellen	to place
stempelen	to stamp
stenen	(of) stone
sterk	strong
sterven	to die
stevig	firm
stijgen	to rise
stil	quiet, still

stilte, de	silence	tand, de	tooth
stipje, het	speck, spot	tandenborstel,	
stoel, de	chair	de	toothbrush
stoep, de	*stoep*	tandpasta, de	toothpaste
	(pavement)	tang, de	tongs
stof, de	stuff, material	tante, de	aunt
stof, het	dust	tapijt, het	carpet
stoffig	dusty	tas, de	bag
stond	stood	taxiën	to taxi
stoot, de	knock	te	to; too
stoppen	to stop; to fill	tegen	against
	(pipe); to	telefoon, de	telephone
	put	tenslotte	finally
storm, de	storm	terechtkomen	to land
straalvliegtuig,		terras, het	terrace
het	jet plane	terug	back
straat, de	street	teruggeven	to give back,
straks	soon, shortly		return
strand, het	(sandy) beach	terugtrekken	to withdraw
stro, het	straw	terwijl	whilst
stromen	to run, flow	teugel, de	bridle
stroom, de	stream,	tevergeefs	in vain
	current	tevoren	before(hand)
struik, de	bush	tevreden met	satisfied with
struikelen	to stumble	tezamen	together
studeren	to study	thee, de	tea
stuiver	5 cent piece	theekist, de	tea chest
stuk, het	piece;	thuis	at home
	document	tij, het	tide
stuurman, de	mate (= ship's	tijd, de	time
	officer)	tijd, op	in time
		tikken	to tap
		timmerman,	carpenter
T		de	
		timmerwerf,	timber yard
taal, de	language	de	
tabak, de	tobacco	timmerwinkel,	carpenter's
tafel, de	table	de	shop
tafellaken, het	tablecloth	toch	yet
tak, de	branch		

toegang, de	admission, admittance, access
toen	then; when
toestel, het	apparatus
toets, de	key (of typewriter)
toeval, het	chance
toevallig	by chance
toevoegen aan	to add to
toilet, het	wash and dress
ton, de	barrel
toneel, het	scene
toon, ten	on show
toonbank, de	counter
toren, de	tower, steeple
tot	until, to
toverhazelaar, de	witch hazel
traan, de	tear(drop)
trachten	to try
tractor, de	tractor
tram, de	tram
trap, de	stairs
trapgevel, de	stepped gable
tre(d)e, de	step (of stairs)
trein, de	train
treurig	sad
tronen	to be enthroned
trots	proud
trots, de	pride
trouw	faithful
trouwen	to marry
trouwens	for that matter
tuin, de	garden
tuinman, de	gardener
Turk, de	Turk
Turkije	Turkey

tussen	between
tweedehands	secondhand
tweemaal	twice
twijfelaar, de	doubter
twijfelen	to doubt
twijg, de	twig

U

uiteengewaaid	windblown
uitgang, de	exit; gate
uitleg, de	explanation
uitstallen	to display
uitstappen	to get out
uitsteken	to stick out
uitstrekken, zich	to extend
uitval, de	sally
uitvoerproduct, het	export produce
uitzicht, het	view, vista
uitzicht geven op	to look out on
uur, het	hour
Uw	your

V

vader, de	father
vaderland, het	fatherland, home country
vakantie, de	holiday(s)
vallei, de	valley
vallen	to fall
vallen, in slaap	to fall asleep
valpoort, de	portcullis
van	of

vanaf	from	vers	fresh
vanuit	out of	verschieten	to use up
varen	to sail; to fare		(ammunition)
varen, de	fern	verstaan	to understand
vastmaken	to fix, attach	versteld staan	to be dumb-
vat, het	barrel		founded
vechten	to fight	verte, de	(far) distance
vee, het	cattle	vertellen	to tell
veearts, de	vet	vertonen	to show
veel	much, many	vertraging, de	delay
veerboot, de	ferry	vertrappen	to trample
veilig	safe	vertrek, het	room;
veiligheid, de	safety		departure
ver	far	vertrekken	to leave
verbinden	to connect	vervangen	to replace
verborgen	hidden	vervelen	to bore
verder	farther,	vervelen, zich	to be bored
	further	vervelend	boring
verdieping, de	floor, storey	verven	to paint (walls,
verdwijnen	to disappear,		etc)
	vanish	vervoeren	to transport
verf, de	paint	vervolgens	next, after that
verhaal, het	story	vervolger, de	pursuer
verheugen,	to rejoice	verzameling,	collection
zich		de	
verhogen	to heighten	verzegelen	to seal
verhuizen	to move	verzekeren	to assure, to
verkeer, het	traffic		insure
verkopen	to sell	verzoeken	to request
verlaten	deserted	verzorgen	to tend
verlatenheid,		vestigen	to establish
de	desolation	vieren	to celebrate
verleden, het	past	vierkant	square
verliezen	to lose	viermotorig	four-engined
verloofde, de	fiancé(e)	vijand, de	enemy
verloving, de	engagement	vijver, de	pond
	(=betrothal)	villa, de	villa
vermissen	to miss	vinden	to find
vermoeiend	tiring	vinder, de	finder

violet	violet	voor	for
vis, de	fish	vooraan	in front
vissen	to fish	vooral	above all
vissersscheepje,		voorbij	past
het	fishing boat	voordeur, de	front door
vlag, de	flag	voorgrond, de	foreground
vlak	flat	voorhoofd, het	forehead
vlak bij	near by, close	voorkant, de	front
	to	voorschijn	
vlak voor	straight in	komen, te	to appear
	front of	voorschip, het	fo'c'sle
vlam, de	flame	voorspoedig	prosperous
vlees, het	flesh, meat	voorste, de/het	the front one,
vliegen	to fly		the foremost
vliegtuig, het	plane	voorstellen,	to imagine
vloer, de	floor	zich	
vloerkleed, het	carpet	vooruit	forward
vlucht, de	flight	voorwerp, het	object
vluchteling, de	refugee,	voorzichtig	careful
	fugitive	vorderen	to get on
vluchten	to flee, fly		(with)
vlug	quick(ly)	voren, van	in front
vlug mogelijk,	as quickly as	vorig	previous
zo	possible	vork, de	fork
voedsel, het	food	vormen	to form, shape
voelen	to feel	vorstelijk	princely
voet, de	foot	vraag, de	question
voetganger, de	pedestrian	vrachtauto, de	van, lorry
vogel, de	bird	vrachtruim,	hold (of ship)
vol	full	het	
volgeladen	(fully) laden	vrachtschip,	cargo-boat,
volgen	to follow	het	freighter
volgende, het	the following	vragen	to ask
volharden	to persevere	vreemd	foreign,
volhouden	to persevere,		strange
	persist	vreemdeling,	stranger
volwassen	adult	de	
voor = vóór	before, in	vreselijk	terrible
	front of	vriend, de	friend

vrijwel	practically	warm	warm, hot
vroeg	early	wasbak, de	washbasin
vroeger	earlier, formerly	wassen, zich	to wash
vrolijk	gay	wat	some, something
vrouw, de	woman; wife	wat?	what?
vrucht, de	fruit	wat voor?	what kind of?
vuil	dirty	water, het	water
vullen	to fill	week, de	week
vurig	fiery	weer	again
vuur, het	fire	weer, het	weather
		weerstaan	to resist

W

		weerszijden, aan	on both sides
waaien	to blow (of wind)	weg	away, gone
		weg, de	road, way
waar, de	ware(s)	wegen	to weigh
waar	true, real	weggaan	to go away
waar?	where?	weggooien	to throw away
waarde, de	value	wegschemeren	to fade away (in twilight)
waarden, de	valuables		
waarnemend	deputy, acting	wegwijzer, de	signpost
waarschijnlijk	probably	weinig	few; little
wachten	to wait	wekker, de	alarm-clock
wachten op	to wait for	wel (en –)	certainly, namely
wagen, de	cart		
wakker	awake	weldra	soon
wakker worden	to wake up	welk(e)?	which?
		welnu	well now, well then
wal, de	rampart		
wand, de	wall	wereld, de	world
wandelen	to walk	werk, het	work
wanhopen	to despair	werkelijk	real(ly)
wankelen	to totter	werken	to work
wanneer	when, whenever	werking, in	at work
		werkman, de	workman
want	for	werktuig, het	tool
wantrouwend	with suspicion	werpen	to throw
wapperen	to fly (of flag)	weten	to know

wezen, het	the being
wie?	who?
wijd	wide
wijken	to give way
wijn, de	wine
wijze, de	manner
wijzen	to show, point out
wild	wild
wild, het	game
wildvreemde, de	perfect stranger
willen	to want to
wind, de	wind
winkel, de	shop
winkelen	to shop
winter, de	winter
winterjasmijn, de	winter jasmin
winters, 's	in winter
wip, in een	in a moment
wisselen	to exchange
wisselkantoor, het	bureau de change
wisselkoers, de	rate of exchange
wit	white
witkalken	to whitewash
woensdag	Wednesday
wol, de	wool
wolk, de	cloud
wonder, het	wonder
wonderlijk	wonderful
wonen	to live, dwell
woning, de	dwelling
woonhuis, het	dwelling
woord, het	word
worden	to become, get
worst, de	sausage
wortelen	to strike root
woud, het	forest
wuiven	to wave

Z

zaak, de	business
zacht	soft(ly)
zachtjes	softly, gently
zagen	to saw
zak, de	pocket
zakdoek, de	handkerchief
zaken doen	to do business
zakmes, het	penknife
zand, het	sand
zaterdag	Saturday
zee, de	sea
zeeman, de	sailor
zeep, de	soap
zeereis, de	voyage
zeevaartschool, de	school of navigation
zegellak, de	sealing wax
zegelring, de	signet ring
zeggen	to say
zeil, het	sail
zeildoek, het	sailcloth
zeker	certain(ly), with certainty
zelfs	even
zestal, een	half a dozen
zetten	to put
zich	oneself, himself, herself, etc.
zien	to see
zijde, de	side
zijn	to be; are; his, its

zilver, het	silver
zilverpapier, het	silver paper, tinfoil
zingen	to sing
zitkamer, de	sitting-room
zitten	to sit
zo	so
zoals	such as
zo maar	just
zodra	as soon as
zoeken	to seek, search
zoen, de	kiss
zoet	sweet; well-behaved
zolder, de	loft; ceiling
zomer, de	summer
zomers, 's	in summer
zon, de	sun
zondag	Sunday
zonder	without
zonderling	curious
zoon, de	son
zout, het	salt
zowel	as well as
zowel. . . als. . .	both . . . and . . .
zuiden, het	south
zuster, de	sister
zuurstof, de	oxygen
zwaar	heavy
zwart	black
zwemmen	to swim
zwempak, het	bathing-suit
zwijgen	to be silent
zwijn, het wilde	wild boar